生まれかわる保育

「見えないものを見る力」とは‥‥‥。
あたらしい子どもの発見がそこにある。

赤西雅之

エイデル研究所

プロローグ

　2000年に出版した、私の著書『保育かわらなきゃ』の表紙には、次のように書かれている。

　　「わかっちゃいるが…」と、変わらないのは、
　　本当にはわかっていないこと。

　はじめてこのメッセージが浮かんだのは、全国をまわって、いろいろな保育の現場を見せていただいて、しばらくしてからだった。毎年のことだが、年間を通して、本当にたくさんの研修会や講習会が各地で行われている。にもかかわらず、私には、「現場の保育って、あんまり変わっていないなぁ」という印象が残った。これが不思議だった。

　毎年、夏を中心に開催される各種研修会の案内が、私のところにもどっさりと届いている。表紙にいきなり、「昨年、満員御礼」なんて書いてあるのもある。全国で、多くの先生が熱心に勉強されたのだろう。その中には、その年だけの行事の、保育テクニックを競うようなものもある。これは「趣味」のようなものだからいいとして、それでも、多くは本当に子どものことを考えた、日常的な保育の質を高めていくような研修会の内容になっている。だけれども…。
　満員御礼と聞いてもやはり、「研修を積み重ねて年々保育が良くなっている」という実感がないのだ。
　そこで私は考えてみた。おそらく、研修会で勉強したことと、今日の保育が変わるということは別物なんじゃないかと。そこには大きなハードルがあって、保育が変わっていかないのは、先生自身が、どちらにも飛び越えることができないからじゃないかと。

　ある講演会の時、私は参加されていた先生たちに、こう言った。
「呼んでいただいておいて、こんなことを言うのも失礼なんですが、講演会の話って、なかなか身につかないと思いませんか。いい話を聞いた。なるほど、とは思えるのですが、

それでは次の日から自分の保育が変わるかと言うと、あまり変化しない。何やらそんなことのくり返しで…。」
　それでも、講演会や勉強会は毎年行われているし、みなさん出席もする。すぐに変わればいいというわけでもないが、少なくとも、「そうだ」と納得したのであれば、いい方に変わろうとする努力がもっとあっていいはずだ。
　ところが、講演会のあと、実際に園に戻り、保育室に戻ると、困ったことがいくつもあるのに気づく。いい保育をしたいのだが、あれがない、これが足りない。園長に理解がない。主任が口うるさい。同僚がいじわる。親が協力しない。などなど、挙げればいくつも問題が出てくる。そこで、「わかってるんだけど、毎日の保育となると、そうもいかなくて…」と、元に戻ってしまう。

　本当にわかったらその日から、どんな条件があってもやろうとする。わかるというのは、そういうことだと私は思う。厳しいようだが、「わかっちゃいるが…」というのは、どんな理由を並べても、やはり、わかっていないことと同じなのだ。

　それじゃ、「本当にわかる」とはどういうことなのか。そのことを、もっと考えてみようと思う。「本当にわかる」という領域に近づくことができれば、いろいろな研修も保育も、よりよく変えていく力になるはずだ。
　本書『生まれかわる保育』の主題は、第2章「本当にわかる」の講演会のエピソードにある。ただし内容は講演会の話の中身ではなく、講演会が終わった後のホッとした気分の出来事からだ。変化球のようだが、そのあとに深い意味が用意されている。
　本書の前半は、先生を主体として書かれている。後半は、子ども理解、親の気持ちなどを、散りばめて、書いている。各章の本文の前にちょっとした解説を入れておいた。よけいなお世話とも思えたのだが、私自身の気持ちや願いが込められている。
　『保育かわらなきゃ』の続編として、読んでいただければうれしい。

目次

プロローグ................ 2

第1部　生まれかわる「わたし」

第1章	私の選んだ道	8
第2章	本当にわかる	16
第3章	子どもを型にはめる	22
第4章	自信を失っていませんか？	32
第5章	告白	38
第6章	むつかしいなぁ	44
第7章	仕事場を選ぼう	52
第8章	子どもにも気持ちがある	58
第9章	先生、話が違うよ	66
第10章	勘違いですよ	74
第11章	子どもを尊敬する	80

第2部　新しい保育

第1章	子どもを好きにさせる？	88
第2章	ふざける子ども	94
第3章	鬼子母神ってご存知ですか	100
第4章	『さわやかさ』の秘密	106
第5章	軽々としたお世話	114
第6章	ほめて育てる？	122
第7章	子どもを育てるのが怖い	128
第8章	自分の子どもだけかわいい	134
第9章	子どものクセ	142
第10章	あいさつができない	152
第11章	順番を間違えましたね	158

エピローグ.......... 166

第1部
生まれかわる「わたし」

第1章
私の選んだ道

　本書の第1章に「私が選んだ道」を持ってきたのには、わけがある。
　まず最初にこの本を開いたあなたと、同じ保育者として共感したいと思ったからだ。
　現場で保育をする者には、子どもを理解する感受性が必要だ。
　私は、苦難を経ながらも豊かな感性を磨いて保育を続ける真の保育者を応援したい。
　そこに若い人たちも学ぶべきものがある。
　大人も子どももすべてのかかわりのはじめとなる
　「共感する」ということがこの本のかくれた主題ともなっている。
　第1章を読み終えて、ワクワクした気持ちで第2章へと続いてもらえればうれしい。

重苦しい朝

　ある日のこと、朝から園の中の空気が重苦しい。新学期が始まって3ヶ月ほどで、新任の職員が「辞める」と、昨夜、園長に言ったらしい。
　時々私もその若い先生から、愚痴っぽくいろいろな話をきいていたが、「新人というのはそういうものよ」と、軽く聞き流していた。実際、園では、覚えることや、することがたくさんあって、半年くらいはそれに追われる。
　それに最初は、子どもが思い通りに言うことを聞いてくれない。叱るタイミングがわからないというか、しつこくからんでくる子どもは、手に負えない時がある。注意を与えても、どうしても聞いてくれないで、逆にたたき返してきたりする子どももいるので、逃げ出したくなる時もある。仕事はじめは、しばらくはなかなかうまくいかないものだ。

辞めます

　今回は、そんなことがいろいろ重なって、しかも、私なら我慢してしまうことも、若い人はそうではないらしく、はっきりと言葉に出してこう言ったそうだ。
「契約書に書いてあるので、今日から14日後に辞めさせてもらいます。」
「えっ、しかし急にそう言われても…」と、園長は言葉が出ない。とりあえず理由を聞いてみると、
「仕事の時間が長い。自分の自由な時間が持てません。」
と、勢いよく言い出した。
「ローテーション表で勤務しているから、終業時間に帰っていいのよ」と、園長は答える。
「そう言っても、なかなか帰れません。先輩は、新人はそんなに早く帰るものじゃないって言いますし…。」
「それはそうだけど、気にしないでいいのよ。でも誰がそんなこと言ったの。」
「誰とは言えません。」
なんとも、とげとげしいやりとりが続いた。
　早朝の7時出勤の先生は、午後3時半に仕事を終える。しかし実際は、そのまま帰る先生は少なく、夕方までいろいろ自分の仕事を片づけながら残っている。その中で一人、「お

先に…」とは言いにくいだろうと、想像できる。しかし理由はそれだけではないようだ。
　こんなことがあった。
　ある朝、「クラスの相方の先生があいさつを返してくれなかった」というので、その日の自分の分担の仕事を放棄したのだ。
　「私が声をかけたのに、知らん顔されました。今朝の子どもを集める係はできません。嫌になりました」と言う。先輩はびっくりして、
「えっ、いやそれは、子どもを送ってきたお母さんと話をしていたから、よく聞こえなかっただけじゃないの。」
「ええ、そうとも思いましたけど、気分が乗りませんので、今日はできません」と、受けつけない。おそらく本人には言い分があるのだろうが、こんな調子だから、相方の先生は、いつもその若い先生の顔色を気にして、極端に気分を害さないようにしていたようだ。

仕事が多すぎる

　確かに新学期、仕事が多くて、遅くなったのは事実だ。5月にすぐに、「こいのぼり」「母の日」「父の日」と製作も続いた。準備や仕込みに時間がかかってしまったのだ。
　まあ、私の目から見れば、要領の良い悪いで、時間のかかり方は違う。同じ仕事量でも、手際よくきちっと短時間で仕上げる人もいれば、段取りが悪くて、中途半端に時間のかかる人もいる。
　個人差は仕方ないし、私自身も要領が悪いので、時間がずいぶんかかる方だ。それだけに、仕事を終えて帰る時間も、他の先生よりは遅くなる。それでも間にあわなくて、若い頃は家に持って帰ったりしたものだ。そして、そんな時は、自分が情けなく感じたりもした。しかしそれは、自分の問題だったから、どうのこうのとは言わなかった。
　「辞める」と言い出した若い先生は、それも承知できなかったようで、とにかく、「仕事量が多すぎる。勤務時間内に終わらない」というらしい。

先輩も辛い

　クラスの相方の先輩が園長と話していた。
「もっと私が気をつけて、細かく声をかけていればよかったと反省しています。」

「あなたのせいじゃないのよ。私も、仕事が忙しすぎるというのに気づいてあげられなかったからね。」
と、二人ともションボリとしている。
「先輩より早く帰るなんて…というのも、みんな最初はそういうものよと励ますつもりで言ったんですが…」と、先輩は困惑している。
「まぁ、気持ちが落ち込んでいる時に言われたので辛かったんでしょうね」と園長。
　どんな時でも、若い人が途中で仕事を投げ出すということに、先輩たちは傷つくものだ。
「自分の配慮が足りなかったのでは…。」
「あの時に気づいてやっていれば…。」
「こんな風に言葉かけをしてやればよかった…」と、後悔することが思い出さる。

いろいろと…

　いろいろと思い起こすと、こんなこともあった。
　本人が、仕事が行き詰まりだした頃、それにあわせるかのように、子どもたちがこの先生の言うことを聞かなくなっていた。クラスの中で、若い先生の厳しく注意する声がよく聞こえるようになり、それを先輩がたしなめることもあった。「ムッ」とふくれて、ドアをバタンと閉めて、あたり散らすのも、「若いからしょうがないか」と、先輩は我慢して様子を見ていた。
　この調子ではおそらく、その頃から、子どもがかわいくなくなってきただろうと思う。子どもがかわいがれないと、とてもイライラするものだ。言うことを聞かせようと、強く出てしまい、子どもはそれに反発してしまう。そこでますます強く出るというように、悪循環になってしまう。
　親とのトラブルもいくつか続いた。厳しい親は、小さなことでも不平を言ってくる。重箱の隅を突くような、嫌な苦情も入ってくる。「そんなつもりではない」という説明も聞いてもらえない。ピシャリと止められ、非難の言葉が続く。若い職員には、これは辛いだろうと思う。
　この先生が、知らず知らずのうちに親を避けるようになっていたのは、園長も先輩も気づいていた。
　「これも勉強」と、様子を見ていたが、この若い先生には「勉強」の意味はわからなかっ

たようだ。「馬鹿馬鹿しい、そんな親につきあってなんかいられない」と割り切ってしまった。

私の選び方

　「退職希望の時は、14日前に申し出ればよいと書いてありました。なので、今から14日後に辞めます。こんな仕事の厳しい園は他にないです。おかしいです。毎日遅くまで働かされて、労働契約違反です」と、若い人の勢いはとどまることを知らない。

　確かに、夕方の降園時間は特に忙しいので、勤務時間が終わっても、帰ることはなかなかむつかしい。

　私が以前勤めていた保育園では、夕方に、パートやアルバイトがいっぱい集まってきていたから、時間がくるとあっさり帰ることができた。保護者に子どものことで伝える必要がある時は、園長に「〇〇君のこと、よろしくお願いします」と頼むと、「いいわよ。伝えておくから」と、簡単に引き受けてくれた。1日の労働時間は、きちんと守られていて、無理をすることはなかった。その意味では、勤めるのにはいいところだったと思う。

　しかし私には、それが物足りなかった。自分の担任の子どものことは、自分の言葉で親に伝えたかったし、夕方に限ってたくさんのパートやアルバイトが子どもを引き受けるのも、「子どもたちが不安にならないだろうか、大丈夫だろうか」と、心配になったものだ。そんなことを考えていると、勤務時間内に仕事は終わらない。

　でも…と、悩んだ末、私は時間を超えても、子どもと一緒にいることを選んだ。これは私個人の考え方だから、若い人に同じことを求めることはできない。

でも…

　私はそれを選んだ。結果として、仕事は充実したと思っている。

　親と子が、より身近に感じられるし、子どもに対する愛着もより強くなった。いつも子どもといることから、子どものことを深く考えられるようになった。子どもの問題を、きちんと考えることができるようになってきたのを感じていた。早出の日も、帰宅時間はあいかわらず夕方になったが、それでも、自分のことをきちんとしていれば、けっこう遠慮なく、早く帰ることもできるようになった。

　こんな風になるまでには、何年もかかったのは事実だ。若い人がいきなりでは、やはり大変で、苦しかったのだろうと思う。

　園長と主任が、事務所で話しあっているのが見える。二人とも表情が固く、苦しそうだ。相方の先輩は、クラスに子どもがいるから、心に納めて戻っている。「辞めます」と言い出した若い先生は、サッパリとした顔で、子どもをとりしきっている。

　どうなることだろう。この若い先生に仕事の厳しさや、努力すること、今するべきことを、話したところで、聞く耳は持っていない。でも、誰かがどこかで、それを言ってやらねば、とも思う。でも…。

私の若い頃

　私は、自分の若い頃のことを考えてみた。保育の仕事をはじめた頃は、毎日、毎日、子どものお世話に追われていたような気がする。

　子どもどうしのちょっとしたケンカやトラブルが起こると、保護者への説明に苦心して、それでも上手く伝えられなくて、しょっちゅう叱られていた。親も、若い先生には文句も言いやすいのだろう。心ないひどい言葉を投げつけられたこともあった。そんなことがあ

ると、心が萎縮してしまう。次の日はもっとうまくお世話をしなければならないと、気持ちが焦り、子どもたちに振りまわされていた自分が思い出される。

　園から指示される行事のことや、「母の日」などの製作物も、楽しんで作るというよりは、最初は、期日までに間にあうようにと、必死だった。与えられたことをきちんとこなすのは、それは大変だったように覚えている。

　それでも、「仕事をするということ」を、何とか続けていると、やがて、子どものお世話というのは、数年すると慣れるようになっていた。保護者への対応も、ポイントがわかるようになった。それを経験して指摘される前に報告する大切さを覚えた。あとで親から言われたことを説明すると、これはもう、言い訳にしかすぎない。言い訳は、とりつくろいだから、不信感が残る。

目標が大切

　そんな時に、ふと「私の仕事は、子どものお世話をソツなくやって、預かった子どもを登園した時と同じ状態で親にお返しする。そんなものではないだろう」と気がついた。そんな、託児所のような仕事で終わりたくなかった。そう考えた時に、私には、目指すものが必要だった。

　保育の目標というものがあるが、しっかりとした具体性のある目標が見えなくなると、心が疲れてしまうような気がする。目標が心の支えになるときもあるのだ。

　そう気づいた時、子どものけんかのトラブルを、ただ謝っていたことが、恥ずかしく思えた。やった子どもも、やられた子どもも、理由がある。その場を収めることばかりに気を取られて、子どもの心中を理解することを忘れていた。

　「子どもをもっと理解する」これが、私の大きな目標になった。そして、そのことをきちんと親に伝える、例えば、「あなたの子どもにも問題があります」と、時には苦情を言ってきた親にも、押し返す必要がある。ひょっとして、その時は気まずい関係になるかもしれない。しかし、結局は、そうすることが、大きな信頼につながることもわかってきた。

　今は、表面的な保育の仕事の奥にある、濃い部分までわかるようになり、毎日追われる子どものお世話と雑事は、それほど苦にならない。自分の存在や役割について、迷うこともなくなった。

　「辞めます」と言い出した若い先生に、何と言ってあげたらいいのかわからない。あれ

これとアドバイスしてあげたいことはあるが、きちんとうまく伝えられる自信がない。
　私自身が、失敗しながら辿ってきた道は、それほど自慢できるものでもない。
　でも、「何か言ってあげたい」「何か言わなければならない」と思っている。今までの私の仕事の中で、これは新しい領域だ。「後輩を育てる。」
　今までもそうだったように、一歩踏み出す時、私には勇気がいる。これから、勇気を出して、園長先生に、後輩と話ができるチャンスを申し出ようと思う。私にとって、また新しい目標がみつかったのだ。

第2章
本当にわかる

　第2章はこの本の中で私がもっとも伝えたい内容になっている。
　「わかっちゃいるが…」と停滞している保育をかえるためにはどうしたらいいか？
　　　　何からはじめるのか！
　　それらのことを具体的に書いている。
　わかりやすくしたけれども、決して中身が単純だというわけではない。
　　　　具体的ではあっても、その背景は重く、色濃い。
　　それらを感じとってもらいたい。

講演会のあとで

　ある講演会に呼ばれた時のことである。
　土曜日の午後、2～4時で話し、最後は、「とてもいいおはなしでした。ありがとうございました」と、司会の方のお礼で締めくくられた。そして200人ほどの先生たちが解散。その後、ホールを出たところで数人のグループが集まって、まだ時間も早いので、お茶にしようということになった。
「どこへ行こうか。」
「どこでもいいんじゃない。ほら、その前の喫茶店でいいよ。」
と、話はまとまって、はじめてのその店に入った。あまり期待していなかったのに、その店は、意外と落ち着いた感じでいい雰囲気。
「へぇー、なかなかいい店だよね。」
と、席についてコーヒーを注文する。飲むとなかなか美味しい。
「おいしいね。」

「こんな店知らなかった。」
と、みんな満足。テーブルの上を見ると、"手作りケーキ"と書いてある。
「半分ずつ食べてみようか」と、注文して、食べると、これがまた、なかなかいける。
「ケーキもおいしいね。」と、食べながら話は弾み、ひとしきり盛り上がって店を出ると、
「それじゃー、月曜日」と、みんな別れて帰っていった。

お茶にしよう

　月曜日の夕方、土曜日の講演会の報告会が行われた。
　「こんなすばらしい保育の話を聞いてきました。」
と、ノートを見ながら、一人の先生が出席しなかった先生たちに報告。しかし、「すばらしい話を聞いた」と言っても、月曜日のその先生の保育は、一つも変わっていない。「わかってるんですが…」ということなのだろう。先週と同じように、保育室で子どもは騒ぎ、先生は大きな声で子どもをとりしきっている。園長も、「変わらないこと」は気にならないようで、
「それはいいお勉強をしてきましたね。みなさん何か質問はありますか？」

と、あっさりたずねる。報告を聞いていた先生たちも、無表情で、「いつものこと」くらいにしか反応しない。
「それじゃ、ご苦労様。これで解散します。」
と、園長の合図で、その日の仕事が終わった。
　ところが私服に着替えて園を出たところで、土曜日に講演会に出席した一人が、仲の良い同僚に声をかけている。
「ちょっと、ちょっと、お茶飲みに行こうよ。」
「えっ、でももう夕方だよ。」
「いい店、見つけたんよ。絶対気に入るから。」
と、2〜3人まとまると、車に乗りあわせて、ブーンと出発。講演会のあと、たまたま見つけたあの店だ。店に入って、コーヒーと手作りケーキを食べて、
「どう、おいしいでしょう。」
「ほんと、びっくりした。こんなお店あったんだね。」
「どうやってみつけたの？」
「フフッ、内緒。」
と、話は弾んで、一日の仕事の疲れを癒して、満足して帰っていった。

本当にわかると

　私の2時間の講演は、月曜日の報告会でたった5分で終わり。そして、あいかわらず保育は何も変わっていない。みんな「そんなもの」と、特別に気にもしていない。園長も、講演会の話の内容を聞いて「保育をかえよう」とは言わない。出席することが、大切な目的のようだ。
　しかし、一人の先生は、講演会のあとにたまたま見つけた喫茶店のことは、忘れていなかった。しかも月曜日になって、わざわざ夕方に友だちを誘って、車に乗りあわせて再び出かけたのだ。
　すごい。喫茶店を忘れないこともそうだが、この行動力がすごい。仕事が終わって少々疲れていても、夕方であろうとも、こうと決めたら絶対に実行するという、強い気持ちがえらいと思う。
　「本当にわかる」というのは、こういうことなのだ。人は、「わかったら」必ず動く。自

分の行動を変容させる。昨日と同じ今日なんてことはありえない。

　人は、「本当にわかる」と、強い意志の力が生まれ、すぐにでも自分を変えようとする。しかも、それを人に伝えようともする。自分の発見したことをわかちあおう、広めようと、努力する。

　ステキなお店を見つけたことを、仲間に教え、おいしいコーヒーで、気持ちよくわかりあえる時間を持つ。これはすばらしいコミュニケーションの一つだ。でも…。

　私の2時間の話より、はじめて入った喫茶店のコーヒーと手作りケーキの方が、その先生を動かしたというのは、ちょっと口惜しい。

　私の話で、「保育がかわらない」「動けなかった」ということは、まだまだ心に届くような内容ではなかったということ、これは「反省」だ。

気持ちの世界

　人が動く時に、必要なエネルギーというのは、どこから生まれてくるのだろう。考えてみてほしい。コーヒーと手作りケーキは、理論的な話とは違う。新しい知識でもない。役に立つ保育現場の技術でもない。ただ単に、「おいしかった」ということだ。店の雰囲気が落ち着いて、「気持ち良かった」ということだ。

　「おいしかった」「気持ち良かった」というのは、感情だ。感情の世界の反対側にあるのは、知識や技術である。一人の先生が、講演会を聞いて、ノートに書きまとめて、みんなに報告したことは、知識や技術のことだろう。そこでは、「おいしかった」「気持ち良かった」という感情の話はあまりしないものだ。そして、これでは人は動かなかった。保育は何も変わらなかった。どうやら、知識や技術をいくら学習しても、いくら伝達しても、人を動かすことはできないようだ。

　一方で、「おいしかった」「気持ち良かった」と、とらえどころのない、気持ちの世界が行動につながった。そう。人を動かすのは、知識や技術ではなく、気持ちなのだ。

　気持ちの世界というのは、とても不思議で、知識や技術と違って、不確かなところがある。ほかの人に話しても、お互いにわかりあえない不自由なところもある。しかし、一つの気持ちが一人の心に定着すると、とても強い力を発揮しはじめる。信念といってしまうと大げさだが、「間違いのない自信」ぐらいまでは、強くなるだろう。その力は、自分を変容させるだけでなく、まわりを巻き込んで、説得してしまうぐらい強くなることもある

のだ。

気持ちが動く

　それでは、知識や技術は必要ないのかというと、そうではない。人が動きはじめると、知識は必要だ。実際にやろうとする時、技術が求められる。喫茶店の話でも、その店までの道を知らなければ、いくら車に乗りあわせて出発しても、みんな途方に暮れるだけだ。それぞれに役割があるということだ。

　保育がなかなか変わらない。講演会、研修会と、何度となく重ねても、やはりあまり変わらない。「なぜ、変わらないのでしょう」と聞くと、「わかってるんですが…」と、戸惑った言い訳が返ってくる。おそらく、変わらない原因は、知識や技術から出発するからだと思う。その前にある、「気持ちの世界」が不十分なのだ。未開拓なのだ。

　「感情」が伴わないと、人は本気にはなれない。自分から動き出そうとはしない。

　一人の先生が勉強したことに刺激を受けて、「保育を変えよう」と努力しはじめる。いっぱい勉強して、いっぱい努力して、その積み重ねの結果、「自分らしい保育」ができるようになる。

　そんな風に、先生としての力量を身につけていくためには、最初の「気持ちが動く」ところからはじめる必要があるようだ。

　そのために、何をどのように勉強したらいいのだろう。

　毎日の保育で、何を考えたらいいのだろう。こんなことを、もっともっと自分の問題として考えることからはじめるべきだ。

保育も気持ちから

　「気持ちが動く」ところからはじめるのは、私たちの勉強だけではない。子どもを育てる保育の出発でもある。

　子どもたちを指導するのに、何を大切にしているだろうか？　例えば、歌を教える。「発表会で3番までうたわねばなりません」こんなとき先生は、歌詞を覚えさせるのに一生懸命になる。「早く、きちんと歌詞を覚えなさい」と、子どもを指導する。しかし、そう教えられた子どもたちの歌声は、まったくつまらないものになる。ただ、間違えないでうたっ

ているだけで、心に響いてこない。教えられた通りをなぞって、元気いっぱい、大きな声は出るけれども、歌をコントロールする意識や、言葉を感じとる感性は育ててもらっていない。こんな歌は、聞いても悲しくなってしまうだけである。

　それに対して、「気持ち」から出発して教えてもらった歌声は違う。隣の子どもの声を聞いて、みんなで一つの歌を作ろうと、さわやかに響きあっている子どもの歌はいいものである。

　気持ちから出発するというのは、保育の現場ではとても重要なこと。子どもにも気持ちはある。そのことをより深く想像したり、洞察できる先生でありたい。そんな先生であるならば、何を聞いても、何を見ても、自分の保育を変えていく力にしていくだろう。

第3章
子どもを型にはめる

ここでは、2章を別の視点で、丁寧にまとめてみた。
　私の園のスタッフの原稿も借りて、
　　内容がより身近になったのではないかと思う。
「子どもを型にはめるのは、ひどく簡単なこと。子どもの楽しみを奪えばいいのだ」
　という40字足らずの一文は、意味が深い。
　　毎日の保育の見直しになればいいのだが…。

答えを言わない

　「みんなに質問しておいて、先生、最後まで答えを言ってくれないし…」という声が、研修会や大学の授業のあとで遠慮そうに聞こえてきた。
　そう言われてみると、私はあまり答えを言わない。具体的な事例で子どもの問題行動を投げかけて、質問をするけれど、「こういうこともあるか」ぐらいで、何が正解なのかはあまり言わない。そのことが、聞いている先生や学生には、おそらく中途半端で気持ち悪く残ってしまうのだろう。
　たいていの研修会や講演会では、答えを言ってもらえる。そしてその答えを、みんな期待して、ノートを開いて話を聞いている。それらをたくさん書き留めて、子どもがよく理解できるようになり、子どもの扱い方がより上手になる。それが研修会の成果となり、講演を聴くことの目的となるのだろう。
　でもまあ、そううまくはいかないと思う。まずノートに書いている時は、ひたすら字を追いかけている。知識を書き留めているわけだから、話の本質は意外と聞いていない。まとまった答えがほしいのであれば、講師の本を読めばいい。本は、丁寧にきちんと書いてあるから、余程その方が正確だ。なので、何十回と講演を聞き、ノートにびっしりその内

容や答えを書いても、それだけでは、子どもを深く理解できるようになるとは思えない。その勉強では、毎日の保育も良くならない。

ちょっとあぶない

　およそ話というのは、「そういうこともあるか」と、聞くわけだ。それがそのまま、自分の生活や体験、仕事に結びつくことはない。

　「そういうこともあるか」と、ヒントを得てから、自分の身のまわりのことを考える。そして自分なりの答えを見つけ出す。こうすれば、話もいろいろと参考になるし、生きてくる。ノートにびっしりと書くのは悪いわけではないが、そこから自分だけのオリジナルのノートが何冊もできるくらい膨らんで、豊かになって、はじめて、講演で聞いた話が自

分のものになるわけだ。

　私が質問しておいて、あまり答えを言わないのは、イジワルをして、答えをはぐらかしているわけではない。一つの答えにこだわって、それだけで子どもを扱おうとしたり、早わかりしようとすることが、「ちょっとあぶないぞ」と思うからだ。答えはありがたいものだが、聞いてしまうと、安心してしまい、自分なりに考えようとしなくなるのではないだろうか。

　一人ひとりの子どもはみんな違う。そのことは、みんなよくわかっていると思う。であるならば、保育の方法に、一つの答えを求めるのはおかしい。そんなことをいつも考えているので、つい、答えを言わないままになってしまう。

あぶない例

　一つだけの答えのあぶない側面は、次の例でわかる。
「乱暴でくり返し物を投げる2歳児がいます。どうしたら言ってきかせることができるでしょう」と、私が質問すると、一人の先生が、
「以前、講演会で聞いたことがあります。知らん顔をして、その子と目をあわさなければ、あきらめて投げないようになります」と答える。
　また、多動傾向のある子どもをもつ母親は私にこう言う。
「先日、専門の先生に教えてもらいました。1日に、決まった時間に5分間馬乗りになって、押さえつけなさい。それをくり返すとあきらめておとなしくなります。」
　この2つの例は、ずい分乱暴な話だ。「あきらめさせる」ことは、人間を去勢することと同じだ。簡単に「やりやすく」はなるかもしれないが、人を人として育てるためには絶対にしてはならないことだ。

先生も親も

　「こういう時はこうしなさい」と教えてもらうのはありがたいことだが、実際はその通りになかなかいかない。教えられた通りにやってみて、「こんなはずでは」と、ちょっと苦い思いを経験した方はいると思う。しかし、これは先生だけではない。
　今は子育て支援の時代だ。園に帰ると、子どものことで親が相談に来る。育児書をあさ

り読んで、子どもを自信たっぷりに育てた母親が、困った顔でやってくる。
「私がこれだけ間違えないでやっているのに、どうしてうちの子は泣くんでしょう」と、うっとうしい目でわが子を見ている。その母親に、「育児書通りにはいかないのよ」と、さも知った顔で親に教える先生も、実は保育のマニュアルを求めて、研修会、講演会と、あちこちさまよっているのも現実にあることだ。

これでは、親も先生も、いつまでも子育てに自信が持てない。子育てにかかわる大人が自信喪失では、育てられる子どもが不安定になるのは当然のことだ。

簡略化できない

保育のマニュアルは、一つのことをあきらかにしている。それは、わかりやすく、共通理解できる一つの方法を教えてくれる。マニュアルは、わかりやすくという使命があるから、どんどん簡略化もされていく。

携帯電話でメールする時に使われるいくつかの絵文字があるが、この絵文字と同じことだ。それらは使い手にとってとても便利で、言いにくいこと、言葉足らずでもどかしい事も、簡単にボタン一つであらわせる。私は苦手だが、若い方は早い。チャカチャカ打って、ボンボン送る。

絵文字は、簡単に、言いたいことをあらわすことができるが、残念ながら、本物ではない。わかった気分を作り出しているだけで、本当にはわかっていない。「まことの気持ち」を伝える力はないのだ。

「ある気持ち」や、「一つの出来事」は、言葉を尽くすことによって、広がりも奥行きも持てるようになる。特に、まだ上手に言葉で自分の気持ちを説明できない幼い子どもたちは、大人に、この広がりと奥行きのある理解を求めている。

しかし実際は、メールの絵文字とまでは言えないが、「簡単子育て」がもてはやされている。簡単は、合理的ともいえるので、必ずしもいけないとは思わないが、「気持ち」というのは、どんなに頑張っても、簡略化できない複雑なものだ。お手軽記号のマニュアル子育てでは、子ども理解には届かない。

だから子どもは、「どうしてわかってくれないのか！」と反発し、大人は、「これだけしてあげてるのに！」と突き放す。こんなことがあちこちでくり返されている。

言葉にしにくいもの

　子どもの育ちや気持ちは、言葉にしやすいもの（マニュアル）と、言葉にしにくいものとでできていると思う。「育児書通りに…」というのは、この言葉にしやすいものを並べた子育てだ。細かく、切れ切れにして、場面ごとにマニュアル化するのは、わかりやすく簡単だが、本当の子ども理解にはつながらない。

　言葉にしにくいものを説明するのはちょっとむつかしい。はっきりしているもののとなりに、何かボンヤリとしたものがある。それがはっきりすれば、もっと確かになるのはわかるので、何とかそれに手を伸ばしたいが、どうもはっきりしない。こんなもどかしさとぶつかってしまうからだ。

　じゃあどうすればいいのか。

　ここからが『生まれかわる保育』への一歩になるが、この一歩を考えていた時に、おもしろい発表を聞いた。ある年の11月、我々のグループの研修会で、一人の主任が、他の園の運動会を見て、報告してくれた。その中に、マニュアル脱却への一歩となるような、すばらしく示唆に富んだ部分があった。

　次はその研修会での報告からの抜粋だが、マニュアル＝型というように読みとるとわかりやすいだろう。

発言①

　ずーっと運動会を見ながら感じ、考えていたことは、子どもを型にはめるということはどういうことなんだろうということです。

　以前赤西園長と話していたときの、子どもを型にはめることぐらい誰でも簡単にできるという言葉が、少し私の気持ちにぴったり来ない部分がありました。

　子どもを型にはめるのにもそれなりのエネルギーと、方向は違っても一生懸命さというものは必要なんじゃないかという気持ちが片づかずに残っていました。

　私は子どもを型にはめるというか、おさめてまとめることが苦手で、これはなんか自分の弱みが出ているなぁと常々思っているところなんですが、子どもたちを取り仕切ったり、グループ活動をするときなどは、なんかサービスしなければなんて思ってしまい、こんなんでええんでしょうか、こんな私でこんな程度で楽しいですかと、子どもに気を遣ってしまって、なかなかおりこうにしていただくということが苦手でできないんです。だから、型にはめるのは誰でも簡単にできるということにはぴんと来なかったんです。

　でも、運動会での子どもたちを見ていて、子どもを型にはめるということはそういうこととはまたちがうことなんだと思いました。

　そもそも型にはめるということはどういうことなのかということが私なりの言葉で見つかりました。それは、子どもを型にはめるということは子どもの楽しみを奪うことだということです。

　運動会で見た子どもたちはまさしく型にはまっていました。先ほども言いましたが、かけっこでも、競技でも、きちんとやってはいるものの、子どものいきいきした楽しみ、感動、あふれ出すようなエネルギーは感じられませんでした。

　すべてにおいてとは言いませんが、5歳児のお手伝いも、よくがんばって役割を果たしていましたが、5歳児が手伝う、取り仕切るというその晴れがましさ、楽しさ、充実した気持ちは、表情や動きを見ていてあまり伝わってきませんでした。お手伝いというのは、すごく大きな子どもたちの楽しみなんですが、何がどう楽しいのが、どうして楽しいのか、どんな力を育てるのか、それをどう子どもたちに伝え、どう共有していくのがいいのか、少し先生の考え不足があったのではないかと思います。

　また、多分、カタチ、型、以上のものに先生が気づいたり、求めたりすることがなかったのではないかと思います。そしてそれは行事のみならず、多分普段の保育においても同

じことが言えるのではないかということがうかがえます。何事も行事だけ、保育だけそうなっている、たまたまそうなっているということはないと思うからです。

　子どもを型にはめることは子どもの楽しみを奪うことだということと、そして子どもを型にはめるのは本当にいとも簡単なことなんだと言うこともわかりました。それは子どもの気持ちに鈍感にさえなれば、子どもはいくらでも簡単に先生に期待しなくなり、そして簡単に本心をみせなくなり、そして簡単に楽しみをあきらめる。いきいき動く気持ちをしぼませる。そういうことなんだと思いました。

　どうだろう、ここまで。
　「子どもを型にはめるのは、子どもの楽しみを奪うことなんだ」というのは、意味深な表現だ。そして、「子どもの気持ちに鈍感になりさえすれば型にはめるのはいとも簡単」というのは、ちょっと心に痛い。型という言葉をマニュアル子育てと置き換えれば、よりイメージしやすいだろう。続けて、読んでみよう。

発言②

　子どもの楽しみとは、目に見える具体的な事柄もたくさんありますが、目に見えないこともたくさんあります。自分で決めること、自分で選ぶこと、自分でがんばること、自分で遊ぶこと、自分でかんじること、自分で考えること、相手を信頼すること、相手から信

頼されること。そんなことなんじゃないかと思います。さっきも触れましたが、子どもの楽しみは生きる力につながります。大人でもそうですよね。本当の楽しみ、自分で選んで自分ががんばる楽しみは、生きる力を支えてくれていると思います。型にはめることは、生きる力を育ちにくくすることでもあるのではないかと、そんなふうに思いました。

　それでは、型は邪魔なものかといえば、決してそうではありません。秩序も大事。カタチも大事。それがなければ不安でしょうがない。型がなければ守りがない。路頭に迷います。間違っていないよと方向を示すものがなければ、誰だって不安にさらされる。園の方針、園のスタイル、ルール、基本的な考え方はとても大事。それを大切にしつつ、子どもを型にはめないということが大切なんです。

　どこの園でも同じことが言えるのではないかと思いますが、ただ、間違わないでほしいのは、型を甘く見て自分らしく突き進むのがいいのではないということです。若い１年目のみなさんは、まだ型さえよくわかっていらっしゃらない人もあるかもしれません。何事も基本ができていなければそれはでたらめです。基本がわかっていないのにのびのびしているのは、ただ単に子どもっぽいだけです。わがままなだけです。ちょっと難しいかもしれませんが、本当に型を自分のものにしたときに型から自由になれるんです。きちんとまじめに受け入れて学び、意味や価値を理解し、さっさと自分のものにしてください。何も難しいことはありません。求めていけば、誰にでも簡単にできることです。

　そして難しいのはそこから先です。型を大切にしつつ子どもを型にはめずに大切に育てる。子どもの事を深く理解して導く。

　そのために先生はどんな力が必要なのでしょう。それはもうなかなか簡単に伝えることのできない領域です。自分自身との勝負です。型を踏まえ、そしてそれを越えたところで子どもと向き合うとき、先生は自分の個性、感性、自分の培ってきた考え方、を道具にするしかないんです。

　「型」＝「マニュアル」も、無駄ではないということらしい。いやむしろ、基本として、必要なことというのが、読んでよくわかる。基本ができていなければ、「単に子どもっぽいだけ」というのは、手厳しいが、本当にそのとおりだ。私はよく、「近所のおばちゃんじゃないんだから。我々はプロだろう。仕事だろう」と、よく言う。そのことと重なってよくわかる。

さらにこの主任は、「なかなか簡単に伝えることのできない領域です」と言う。でもみんなはここが知りたい。ここが次の一歩になると直感できるからだ。あと少し、読んでみよう。

発言③

　ルールや基本や形を大切にしながらもそれに縛られてしまう人。それを横着に自分が努力しない口実に利用していたりする人。そんな人は、子どもの気持ちに鈍感になり、型にはまった子どもを量産していくということになるのでしょう。型にはまった子どもは型にはまった表情をし、型にはまった動きをします。

　まじめなまっすぐな気持ちや、のびのびとした力強いエネルギーを培っていくことはできません。心がぞくぞくと動くほんとうの楽しみには出会えません。それを見るのは私はとても悲しい。ほんとうに胸が痛くなるほど悲しいです。

　先生は、自分の心が見えている分しか子どもの心は見えないと思います。自分の心の壁を一つクリアしたら、一つ分子どもの心の事でわかることが増えます。

　先生自身が、自分を知るところから一歩が始まるような気もします。

　いろいろなことを考えて固くなって、萎縮していても何も始まらない。まず自分が子どもと向かい合って、自分を試してみることです。間違っていたら子どもが教えてくれます。気づかせてくれます。私もいまだにずっとそれの繰り返しです。そうして自分が少しずつ鍛えられて子どもといっしょに助け合って前進していっているのだと思っています。

　見せていただいた運動会でも、何度か子どもらしいいきいきした表情を見つけました。そういう表情を見るとますます、ああこんな顔をもっともっとさせてあげてほしいと切なくなりました。

　保育の奥は深いです。浅い入り口で子どもたちのことやこの仕事を見くびらないで、もっともっとと求めて子どもたちに本当に役に立つ先生になっていただきたいと思います。それが本当のこの仕事の楽しみであり、喜びであるのだと思います。

　「先生は自分の心が見えている分しか子どもの心は見えない」という言葉は重くて、突き放された気分に落ち込む先生がいるかもしれない。でも、あわてないで最後まで読むと、なんか励まされる気分にもなった。

　全体をもう一度読み返すと、この主任は、何一つ明日の保育に使えそうな「型」や「マニュアル」については、教えてくれていないが、読み手を何か元気にしてくれている。そんな気がしないだろうか。それは、子どもに対する視線が、一貫して柔らかく、あたたかいからだと思う。そしてこの主任が、「毎日子どもと一緒に保育をしているんだなぁ」という、手触りと安心が感じられるからだろう。きっと、やさしくてあったかい先生なんだろう。そして、厳しい先生なんだろう。

迷わないで

　簡略化しないで、言葉を尽くすことによって、「ある気持ち」や「ある出来事」を説明することは可能だ。それには、自分自身から言葉を生み出す努力をしなければならない。子どもを理解するということは、こんな毎日の努力の積み重ねの結果、先生一人ひとりに身についていくものなのだ。遠い道のりのようでも、方法はある。道さえ間違えなければ、必ず到達することができる。

　くれぐれも、途中で迷って、安易な方向に行かないでほしい。「簡単マニュアル子育て」の落とし穴にはまると、そこから抜け出すのはとてもむつかしく、それ以上に、その先生がまき散らす毒で、子どもも親も、もっと迷いはじめてしまうからだ。

第4章
自信を失っていませんか？

　4章「自信を失っていませんか？」5章「告白」は、先生の応援歌のつもりで書いた。
　　「こわれるぐらいムキになって、そのあと、あなたの失敗で明るく笑いあおう」
　　　　と、エールを送ったつもりだ。
失敗で明るく笑いあえる、人間関係の大きさに届くまでガンバレ！！
　　「告白」は、何やら意味深だが、中身は誰もが体験することだと思う。
　　　　ちょっとしたつまづきも心の痛みを伴うと、耐えられない時もある。
しかしハードルの高さは、あなたが思っているほどではない。
　　あきらめず何度でも飛び越える挑戦をしてほしい。

　新年度が始まって2ヵ月ほどが経つ頃、新卒の職員のみなさんはどうしているだろうか。そろそろ仕事に慣れただろうか。クラスは落ち着いてきただろうか。
　この2ヵ月は、新学期のあわただしさに目がまわり、まとまらない子どもの後を追いかけ、先輩にも気を遣い、親の苦情に身を固くして、さぞや心も体も忙しい時期を過ごしたことだろう。
　「こんな大変な仕事、私にはもう勤まらない！」と、自信を失くしかけている人はいないだろうか。いやいや、もうすっかり自信を失くしている人もいるかもしれない。
　そんな大変な思いをしている新入職員のための研修も、この時期には、各地で行なわれている。しかし、それらの内容はというと、

①子どもの発達のおさらい
②職員としての自覚と責任の鼓舞

③保育サービスの説明と保護者のニーズの解説
④苦情処理に対するマニュアルの確認

という具合だろう。

　この内容で、「そうか、よしがんばるぞ」と、前向きになれる人はいいが、「それはわかってるけど…」と、どうしても一歩踏み出せない人は、余計につらくなってしまう。

　実際、毎日の保育の中でぶつかる、さまざまな問題に的確な答えを出してくれる研修会は少ないと思う。

　「それは甘えている。的確な答えは自分で見つけるものだ」と、講師の手厳しい声も聞こえてきそうだ。「的確な答え」が甘えているとするならば、次にすすむことのできる「安心な答え」でもかまわない。苦しい時は、何か確かなものがほしいものだ。

　「安心な答え」を出してくれるのは、一番身近にいる先輩たちかもしれない。先輩のアドバイスは、本当にありがたい時があるものだ。ふと気づくきっかけになり、すぐに役立つ具体性もある。ところが、そのアドバイスも、まだ心に少し元気が残っている時であればいいのですが…。「もう私には…、限界」と、思いつめている時は、逆に、先輩はまぶしすぎて負担にもなってくる。

子どもをかわいがれない

　先輩の仕事ぶりはすごい。何をやってもテキパキとこなす。

　子どもに話しかけるのがうまい。子どもがわかるように工夫する知恵もある。ちょっとした子どもの表情やしぐさの変化を見逃さない。親に対しての説明もソツがない。上手に相手を納得させる。それなのに、そんなに疲れてしまっているようにも見えない。

　先輩と一緒に、作業の準備をする。ダンボールを切るのが早い、紙を貼る要領がいい、シャカシャカと無駄がない。そんな先輩を横目で見ながら、モタモタの自分が情けない。自分は線にあわせてきちんと折れない、切れない。最後に結局できなくて、やり直しを手伝ってもらう時などは、本当に泣きたくなってしまう。

　片づけが終わって、自信を失くし、自分の気持ちはどんどん小さくなっていく。そして、自分を責めることばかり、反省の言葉ばかりが目の前に並ぶ。

　こんなことばかり続くと、子どものことどころではない。子どもがかわいいと思って、この仕事を選んだにもかかわらず、今の自分では、とても子どもをかわいがるどころではない。自分のことで精一杯なのだ。

　人間って弱いもので、自分が大切にされていない時や、気持ちが落ち込んでいる時に、相手に対する思いやりや、自己犠牲の気持ちは、なかなか生まれにくいものだ。自分の心がしんどい時に子どものお世話をし、子どもを抱きしめるというのはむつかしい。子どもがかわいいと思える余裕がなくなってくると、この仕事は迷い始めるのである。

　私たちの仕事は、「車1台売って、それが成績」という仕事ではない。結果がすぐに見えない仕事だ。心のバランスを欠いて、見通しが持てなくなったり、客観性を失うと、どんどん悪い方向へと心が偏っていく。

もうダメだ！

　そんな風に迷いが出はじめた時に、親からあなたを名指しで次のような苦情でもきたら、これは致命的だ。

「子どもの手ふきタオルが、いつもきれいなまま持って帰ってきます。手洗いをしましょう、といっておきながら、実際に子どもが手を洗っているかどうか、見てないんじゃないですか。食中毒の予防とか言って、掲示板に注意書きも貼ってあるけど、やっていることが違

うじゃないですか。」
　さらにこんなことも起きる。
「帰ってきた子どもの耳が赤くなっているので、聞くと、ケンカをしてたたかれたと言います。先生はちゃんと見てくれているんですか。鼓膜がやぶれていたらどうしてくれるんですか！」
　あわてて、とにかく気づいていなかったことを詫びて、様子を見てほしいと返事すると、夜になって、今度は父親からの怒りの波状電話。
「すぐに病院へつれて行け！　何かあったらどうするんだ。相手を教えろ！　相手に謝らせろ！」と、たたみかけてくる。その剣幕に、先生はうろたえて、夜にもかかわらず親の言う通りに病院へ連れて行くと、医者は、「診るまでもありません」という雰囲気。そして、「必要とおっしゃるならレントゲンを撮りますけど、大丈夫ですよ。それに、子どもにX線はあまりよくありませんしね…。」
「明日、もう一度来たほうがいいですか？」と、おそるおそるたずねると、
「えっ？　いらないでしょう」と、医者は、何でこんなことくらいで夜に来るんだという、不機嫌な顔。それでも親には丁寧に説明をして、何とか納得してもらった。
　ひと悶着のあと、静まってふと考える。
「これは一体、何だったんだ。」
　結局、何がどうなったのか、よくわからないまま、ただ振りまわされて、走りまわって、それでいて、親の信頼を得られたかというと、そうでもない。親が理解できたかというと、逆に、不信感やあきらめの気持ちの方が強く残っている。
　巻き込んで迷惑をかけた他の先輩の先生たちは、
「一件落着、気にしない、気にしない。また明日子どもが来るからね」と。ケロリとして帰っていくけれど、心に収める術がまだわからない新入りの先生には、ちょっと刺激が強すぎるようだ。トゲのように何か心に刺さったような、苦しい気持ちだけが残ってしまった。
　心が弱っている時、こんなことが起きると、後ろ向きに背中を押してしまう。
「もうこの仕事は私には勤まらない…。」

こわれるぐらい「ムキ」になって

　若い、経験年数の少ない先生たちの悩みは、「明日が見えない」ことではないかと思う。

「自分に確かなものがない」ことも、理由の一つだろう。

　新入研修で、同じような悩みをかかえている先生たちと話しあう機会はあっただろう。でもそれは、「あぁ、みんな同じなんだ」と、一人ではないなぐさめになるが、だからといって、明日も仕事をする自分には、何の助けにもならない。朝、子どもに向きあうと、自分は一人ぼっち、やはり子どもは言うことを聞いてくれないし、親の視線は厳しく感じる。

　先輩の仕事を見ながら、一つずつ覚えていけばいいんだとわかっているけれど、何でもできる先輩との距離は、あまりにも遠すぎる。とてもあんな風にはなれないと、無力感の方が強くなってしまう。自分の「この先」が想像できないことほど、辛いものはないだろう。「すすむべき道」が見えない時ほど、苦しいものはない。

　もし、あなたがいまそういう時で、どうしていいかわからなくなっているとするならば、こんなことを試してみてほしい。余計なことを一切考えず、ひたすら「ムキ」になって、子どもにぶつかり、我を忘れて仕事に没頭することだ。

　「ムキ」になると、まわりを蹴散らして、迷惑になることも出てくるが、気にすることはない。若い時は許されるものだ。あっさりと甘えてみよう。

　あなた自身が、こわれるぐらい「ムキ」になってほしい。表面の「おいしい」ところと「苦い」ところだけ食べて、物事がわかった気になっていないだろうか。そのままの知たり顔では、それはあなたの弱点となって、ずーっとついてまわることになる。

　「ムキ」になる経験は、とても大切なものだ。仕事の中身を見極めるためにも、自分自身を知るためにも。

　ちょっと構えすぎて、いい先生に早くなろうと力が入りすぎていないだろうか。そう簡単にはいかないだろう。そんな、チョイ食いの早わかりの技術だけで、子どもは扱えないし、理解できるものではない。もう一度言おう、余計なことを考えず、「ムキ」になってやってみよう。

あなたの失敗で笑える

　もう一つ教えておこう。

　いつまで「ムキ」になったらいいかということだ。「自分のすすむべき道の見通し」のために、それを知っておきたいことだろう。

　それは簡単だ。こう考えればいい。職員会議や、お茶をのんでいる時の休憩時間に、先

輩や同僚から、あなたについての話が出てこないのではまだだめだ。それは、まだみんながあなたに気をつかっているということ。傷つけないように、あなたの話題を避けているのだ。その時、あなたは、大切に守られてはいるが、仲間として受け入れられているわけではない。

　ところが、ある日のあなたの失敗が、みんなの素直な笑いを誘ったとしよう。あなたが説明すればするほど、笑いが広がる。とんでもないトンチンカンな仕事ぶりが、冗談として、みんなの気持ちを和ませる。あなたが言い訳をすればするほど、みんなは安心して笑う。こうなればしめたものだ。

　イジワルでなく、陰湿でなく、あなたの失敗が、カラリとした笑いとして、話題になるようになれば、あなたは仲間として受け入れられたということになる。それは、あなたにみんなが気を遣わなくなった証ともいえる。つまり、あなたを先生として認めはじめたということなのだ。おそらく、そんな和やかな空気が、ますますあなたを安心させて、失敗をおそれずに、のびのびとした仕事をさせるようになっているだろう。あなたに用意されている「その時」は、そんなふうにやってくるものだ。その時、あなたは初めて、前向きの自分の変化に気づくことだろう。

　そして、「ああ、この仕事をつづけてよかった」と、しみじみ思えるだろう。

やっぱりゴメンナサイ

　と、書きながら、ふと気づいた。やっぱり私も、落ち込んでいるあなたを無理矢理引っ張り上げようとしている。ゴメンナサイ。

　あなたの苦しい気持ちに近寄るのはとてもむつかしい。でも、あなたの方から、ちょっと寄ってきてくれたらうれしい。それならば、何だってアドバイスできる。ダンボールの上手な切り方も教えよう。私はそのちょっとを待っている。早く、お茶を飲みながら、あなたの失敗で明るく笑いあいたいものだ。

第5章
告白

「保育園の先生はこうでなければならない」
と求められるイメージが苦しくて…という先生がいる。
「子どもと接するのにとても気をつかう」
「ぎこちなく笑っている自分が嫌になる」
「変に甘ったるい声で、言葉で、子どもに話しかけている」
わざとらしさを感じて、子どもに申し訳ない。
それでも子どもが好きで、この仕事を選んだ。
それは後悔していないのだが、時々、私にはむいていないのかと考えてしまう。
家へ帰ると、こわばった顔とすりへった神経でクタクタになっている。

同調

「その先生の気持ち、よくわかります」と、まっすぐに答えてくれた先生がもう一人いた。私はドキリとして、一気に想像をめぐらせるけれど、次の言葉が出ない。その年輩の先生はしみじみ言う。

「20年経っても、自分自身は何も変わっていない。しかも、演技することだけは上手になったのだから、私がこんなことを考えている、悩んでいるなんて、誰も気づいていないでしょう。嘘をつき続けている自分を、どこかで責めている。でも今さら…という気持ちもする。適当にしていれば、適当に過ぎていく。考えすぎることもない。心のどこかにフタをして、知らん顔していればそれですんでしまう。時々、どうしても苦しくなると、まわりを見て、私と同じニオイのするあの人だって、うまく演技しているじゃないかと、自

分に言い聞かせる。気にすることはないんだ。私一人だけじゃないんだ。みんな適当にやってるんだ。だけど、毎日子どもの顔を見ていると、何か心の中にトゲが刺さったままの部分があって、それが痛むことがある。」

だから…と、その先生は続ける。

「仕事に対する自分なりの自信が持てない。何か、足もとがスースーしている感じがする。人に言われることに迷う。親の一言一言がとても気になる。ちょっとした苦言にすごく落ち込んでしまう。それくらいのことが、平気でいられる先生がうらやましい。でも、同僚には、こんな私が、小さなことでも見逃さないで、深く考えることのできる良い先生だと見えてしまう。本当はそうじゃない。単に気になって、オドオドしているだけなのに…。」

自然な感情

毎年6月になると、中学2年生が、社会体験学習として、一週間の実習にやってくる。ある時、一人の男子学生が、夕方の反省会でこんなことを言った。

「今日はなんだかすごく疲れました。どうやって、小さな子どもと話したらいいんですか？わからなくて…」と、はずかしそうな、困った顔だ。

「子どもを大切に思ってくれてどうもありがとう。」これが私の答えだった。
　ステキな中学生ではないか。小さな子どもに気を使って、相手のことを考え、わかろうと努力して、疲れ果てている。これは、小さな命を守ろうという、中2まで大きな命を育ててもらった者の持つ、自然な感情だと思う。「どう接したらいいのかわからない」というのは、単に、この中学生にとっての経験不足だ。兄弟がワンサカいる家庭で育っているならば、おそらく、こんなことは気にならないだろうと想像できる。経験不足は十分間にあう。これからだ。しかし、自然な感情は、努力して身につくものではない。毎日の生活の中で、それこそ、いつの間にか、意識せずとも自然にその人のものになっていく。

できなかった

　ところが、先生となるとこうはいかない。自分の育ってきた過程での経験不足とは言ってられない。いきなり、「保育園の先生のイメージ」に応えなければならない。こんな時、すぐにできることは、一生懸命、先生を演じることだ。子どもを傷つけないように、やさしい先生を演技する。親を安心させるために、何でもよくわかった風な、明るい先生を演技する。そうしながら、年数を経れば、いつしか経験不足は解消するのだろうか。するとも言えるし、しないとも言える。
　そしてここに、冒頭に書いたように、「できなかった」先生がいる。また、その先生に共感できる別の先生もいる。この先生たちは、それでもこの仕事をあきらめなかった。おそらくそれは、中学の男子生徒と同じ、子ども一人ひとりを大切に思う気持ち、愛おしいと思える強い気持ちがあったからだろう。

負けるな

　「保育園の先生のイメージ」なんかに負けるな。一人ひとりの先生には、違った役割がある。それを生かせばいい。もっともらしい「先生のイメージ」を押しつけるな。表面的な先生らしさに捉われていると、子どもにも、子どもらしくあることを、いつしか求めるようになってしまう。先生が、自分の人間性を大切にできることは、一人ひとりの子どもの独自性を認めることにつながる。先生が自分を解放できていなければ、子どもを真に大切にすることはできないだろう。そんな意味のあることを、職員集団の中で認めあえる関

係をしっかりと作ろう。そして保護者にも理解を求めよう。
　一つ提案する。
　子どもを大切に思うがゆえに、気をつかってしまうという先生。子どもと接するのに、ぎこちなさを感じている先生。それでも、一生懸命「保育園の先生のイメージ」を演じようとするから、余計苦しくなる。そんなに型にはまって思い詰めることはない。先生にもいろいろある。子どもを育てるのにもいろいろな方法がある。子どもを愛おしく思って、自己犠牲の精神を持っているのであれば、いろいろな「先生らしさ」を試してみてはいかがだろう。例えば、次のようなことをやってみよう。

輪つなぎ

　園の中で、子どもたちがいろいろな場所で自由にあそんでいる時間を見つけて、園庭の隅っこ、木の下などにゴザを広げて、小さな場所をとる。または、廊下のはしっこで小さなジュータンを広げる。とにかく、自分のクラスにこだわらず、どの子にも見える場所、どの子も寄って来られる場所を見つける。そこにドカッと座り込んで…。とりあえず、輪つなぎをやってみよう。

　折り紙、包装紙、ためておいた千代紙、その他何でもいいから、きれいな模様の紙を、5cm×15cmくらいの長さに切って、パーッと広げる。（この時、きちんとたたんで、箱に入れて、というのはダメ。子どもに全部見えるように、思い切って、パーッと広げること。そうすると、子どもはそれを見て、必ずこう言う。「ワァーッ」とか、「キレイ！」）そして、先生一人で、のりと手ふきの小さな雑巾を横に置いて、輪つなぎを始める。

　この時、子どもにさせようと思ってはダメ。自分一人でする。こんな楽しいことはないという顔をして、ひたすら輪つなぎを楽しむ。すると、必ず、数人の子どもが興味を持ってやって来る。それには知らん顔していること。ここで、ニッコリ笑って、子どもにすぐに話しかける「保育園の先生」を、簡単にやってしまうと、何にもならない。ここは辛抱の時。しばらくして、子どもが増えてきて、その中から、「やってみたい」という声が出る。その時は、「あっ、そう」と、涼しい顔をして、「それでもね…」なんて独り言を言いながら、自分一人で輪つなぎを続ける。「子どもが興味を持って、やる気になってくれた」なんて、「保育園の先生」みたいにうれしくなって乗っていくと、またすぐに苦しくなるから、まだまだ子どもにサービスしすぎないこと。

淡々と

　しばらく様子を見て、本当に興味を持って、やってみたいと思う子どもを見極め、小さなジュータンやゴザの端っこを譲ってやって座らせる。のりと手ふきの雑巾を貸してやる。そしてあとは、知らん顔して輪つなぎを続ける。

　先生が、静かに、穏やかに仕事をしていると、子どもは安心して、自分の興味のあることに打ち込むことができる。また、心を開いて、何かしゃべってくる。「こんなことがあった」「あれは違う」「私はこう思っていた」「あの子がイジワルした」「お母さんに叱られた」ポツリポツリと本音の話が出てくる。先生は、「フンフン」という感じで、ただ聞くだけ。ここでまた、「保育園の先生」をして、共感をわかちあいましょう！とばかりに、大げさに相づちを打ったり、喜んだり、悲しんだりの演技をしてはいけない。ただ淡々と話を聞くだけ。

　こんな時間と場所を試して見てほしい。

子どもの秘密

　これは、自然な場を共有するということだ。無理をせず、相手の心の中だけを感じて、余計な装飾は一切考えない。言葉に頼って、子どもとやりとりしようとすると苦しくなる。コミュニケーションの方法は他にもいっぱいある。笑顔だけが、共感したり、やさしい気持ちを伝える手段ではない。普通の顔をしていても、ちゃんと伝わる。むしろ、ヘラヘラ笑いの方が嫌味で気になる。子どものヘラヘラを見ると気になって、「こいつ、ちょっとあぶないぞ」なんて思ったりするものだ。

　輪つなぎを通して、子どものどんなことがわかるだろう。そして自分自身のどんなことに気づくだろう。「シンプルが最高」という言葉がある。無理をせずとも、人間の本音に近づく方法はある。静かで穏やかな先生は、明るく元気でよく笑う、保育園の先生のイメージとはちょっと違うかもしれないが、子どもと心を通わせあえるならば、十分すぎるくらい、立派な先生だ。格好じゃない。中身で評価しなければ…。子どもは、本当に大切に思ってくれているのは誰か、ということはとてもよく知っている。

　輪つなぎの不思議な空間を作り出すことができれば、あなたは、誰よりも、子どもの秘密をよく理解できる、すばらしい先生になれるだろう。

多様な先生

　この時、他の先生たちにお願いがある。この先生のやっていることを、そっと見守ってほしい。その場所や空気をかきまわさないこと。そしてその自然なかかわりから学ぼう。そこで行われていること、そこに流れている空気、すべてに意味がある。自然にできるかどうか、好きか嫌いか、良いことか悪いことか、なんて、単純な基準で計ってはいけない。「人は、自分の見たいものしか見ない」ものだ。自分の持っていない世界を経験することで、新しい保育の観方が広がる。

　子どもと直接ぶつかりあうだけが先生ではない。間接的に配慮して、子どもの自主性と感性を大切にしたかかわり方だってある。「子どもって、こんな面があるんだ」と、多様な子ども発見が、先生の役割の幅を広げてくれる。

　いろんなことを試してみて、子どもの再発見をしよう。その中で、先生自身の新たな存在価値も見つかるだろう。

第6章
むつかしいなぁ

保育に対する考え方が違うというぶつかりあいをよく聞く。
もちろんそれぞれに意見があっていいのだが、
保育の方法は先生が勝手に作るものではない。
いつもそこに子どもを主体とした
生き生きとした生活がなければならない。
子どもを真ん中において、まっすぐに考える時、
それほど保育の道筋が違うとは思えない。
「子どもを真ん中におく」ということをもっと考えたい。

やめます

　4月に採用する職員の予定者が、3月中旬、実習に来た。保育の経験が8年ある。新規の職員は、園長、主任が中心となって、面接を2度して、慎重に選んだ。ところが、1日実習して、その日の夕方、「やめます」と言う。
「どうして？」と困惑した園長が聞くと、
「3歳の子どもが、先生の前に集まって、静かに話を聞いている。とても私には自信がありません」という。
　園長や主任は目が点になって、「えっ？」としか言えない。
「とにかく今日一日考えて、明日また話しましょう」と主任がおさめて、その日は帰って行った。次の日、園長が電話をすると、
「友だちに相談したら、やめたほうがいいと言われました。」
「それはいいけど、理由は？」

「そちらの園の子どもは、おとなしすぎると思うんです。私は、元気でのびのびとした子どもを育てたいんです。保育の考え方が違います。」
と、昨日とはちょっと内容が違っている。こうなると、園長もだまっていられない。
「私の園の子どもは、みんな元気でのびのびしていますよ。そのことと、静かに先生の話を聞くことは、別問題だと思いますよ」と、ついムキになる。
「ええ、でも、何かおりこう過ぎて、型にはまっている気がして…。」
と、煮えないやり取りがいくつかあった。その日の夕方「どうしましょう」と、園長が相談してきた。「了解しておけばいいでしょう」と、私は答えた。
「おそらく、子どもの違いを話してもわからないんですよ。あっさりと、希望通りにしてあげれば…。」
「でも、本人が、内定承諾書も書いて、採用予定も決定しているのに、今頃『やめたい』なんて失礼でしょう。8年も勤めの経験があるのに、常識はどうなってるんですか。それに、子どもたちがのびのびしていないとか、型にはまってるとか言うんです。これは許せないですよ。たった一日見ただけで、何がわかるんですか。子どもが静かに先生の話を聞くなんて、あたりまえじゃないですか。型にはめてるなんて、本当に失礼な…。」
と、園長も気持ちが収まらない。

「いやいや、見方が違うとそんなものだよ。自分の経験をもとにして、比較して、違いというものがわかる。その経験の質が偏っていると、違いの本質も異なってくる。その話を聞くだけで、その先生の8年間の経験が想像できます。そういう意味では、保育の考え方が違うというのは、おっしゃる通りかもしれないね。」

よく躾ができている

その次の日、他の園に、もう一人別の採用予定者が実習に来ていた。やはり6年ほどの経験がある人だった。

その園の園長が、夕方電話をしてきた。
「今日、実習に一人来られたんですが、終わったあと、こう言われたのが気になって…。」
「何が気になったの？」と問い返すと、
「2歳のクラスで実習してもらったんですが、先生が絵本を一冊持って前に座ると、子どもたちがすーっと集まってきて、先生の絵本を静かに聞いている。それを見て、『この園の2歳児は、絵本を静かに見る躾がよくできている』と、驚かれまして…。」
「フンフン、なるほど。」
「でも、私たちは、『絵本を静かに見る躾』なんてしたことはないし、そんな躾は変だと思うんです」と、園長はそこにこだわっている。
「そうだよね。そんな風に考えたことはないし、そういう目で子どもを見たこともない。でも、一般的には、そう見えるんでしょう。2歳の子どもが先生に促されないで、注意されないで、先生に素直に従うなんて、普通では考えにくいことなんでしょう。でもまぁ、子どもたちをほめてくれたんだから、いいじゃないですか。」
「でも、躾がされている。というのはどうも引っかかります。犬や猫じゃあるまいし…」と、園長は、なかなか素直に納得できない様子だった。

10年も前に

この2つの出来事は、たまたま4月頃に重なったのだが、以前に、似たような話を経験したのを思い出した。

ある市の園長のグループが見学に来られたときのことだ。見学のあとの話しあいの時、

一人の園長が、その日の感想を次のように述べられた。
「子どもがおとなしいですね。保育中なのにシーンとして、静かで、子どもに勢いがない。もっと、子どもはにぎやかで元気なものです。何かここの園の子どもは型にはまって、厳しく躾けられている気がします。子どもはもっとのびのびしていないと…。」
というような意見だったと覚えている。
「あぁそうですか。元気がありませんでしたか。」
と、私は答えて、それ以上は話さなかった。おそらく説明しても、意味をわかってもらえないだろうと思ったからだ。この４月に２つの園からの相談、報告を受けて、その時のことを思い出した。10年も前のことだ。

しかし、10年経っても、子どもの見方が「変わらないなぁ」と思う。「子どもはにぎやかで元気なもの」という子どものイメージは、いつの頃からか、すっかり定着して、今も多くの先生たちは、それを信じて、それが子どもだと思って、日々、保育をして子育てをしているのだろう。

それは間違いではないが、子どもの一面を言い当てているに過ぎない。「子どもにはそういう面がある」ということだ。しかし、もっともっと、違う面も子どもはたくさん持っている。その中には、静かで、集中して話を聞くことのできる面もある。そのことを、我々は保育の経験の中でよく知っている。

室内と室外

先生が注意しなくても、特別に声をかけなくても、一冊の絵本を持って前に座ると、子どもたちがスーっと集まってきて、じっと読んでもらうのを待っている。やがて先生は、小さな声で静かに、絵本を開いて読み始める。子どもたちは、それを静かに集中して聞いている。２歳が20名であろうと、３歳児40名であろうと、４歳児が50名いても、１冊の絵本で、全く同じ光景を見ることができる。それは、我々の園では、ごく日常的にあたりまえのことだ。

しかしこれは室内の活動だ。室外に出ると、子どもたちは、はじけて元気いっぱいにあそぶ。走る。のぼる。すべる。転がる。また、地面に座り込んで道具をいっぱいに広げて集中して、黙々と土あそびをする。ドッジボールもする、鬼ごっこもする。それらは、室外では普通に見られる自然な子どものあそびだ。この光景を見ていただくと、４月に実習

に来た先生も、10年前に見学に来た園長も、おそらく、「おとなしすぎる。元気がない」とは言わないだろう。それはみんなが一番よく知っている子どもの姿だからだ。

　ところが、室内に入って、子どもが落ち着いて先生の前に座ると、違和感があるのだろう。「こんなはずではない」とも思うのだろう。いつの頃からか、定着した子どものイメージで考えると、そんな子どもはありえないことになる。「おりこうすぎる。型にはまっている。厳しく躾がされている」ということになる。

　要は、子どもの可能性に対する幅広い経験と、育て方の違いだと思う。子どもの「静」に対する能力を過小評価して、それを育てることに失敗すると、室外のあそびの気分の勢いのまま、室内になだれ込んでくる。それでは保育室はいつまでも騒々しい。

　そればっかり見ていると、子どもってこういうものだと思い込んでしまうかもしれない。

むつかしいなぁ

　どこからこんな違いが生まれてくるのだろう。それぞれに、子どものどこを見ているのだろう。「子どもという生き物」に、どんな「image」があるのだろう。これらは、一つひとつきちんと考えられなければならないことだ。もし、子どもの「image」が偏って定着しているとするならば、その上に、いろいろな保育の方法を積み重ねても、子どもの育ちは歪んだものになってしまう。

　しかし、ここで「むつかしいなぁ」と思えることが一つある。それは、子どもの持っているたくさんの面は、自分自身の保育の体験の中でしか確認できないということだ。

　本を読むといろいろ書いてある。子どもの多様な面が書いてある。しかし、それを確かなものにするのは、自分の保育の中での実践だ。この実践の中身によって、子ども理解が変わってくる。そして具体的な保育の方法には、本に書かれたマニュアルは通用しない。

　子どもの目線の動き、手の指の使い方、歩き方、すわり方、ふり向き方、そんなことから、子どもの心の微妙な変化が感じ取れる。顔の筋肉の動きからも、わかる時がある。それらの、子どもからの合図をキャッチして、先生の仕事をする。先生の仕事とは、子どもが失敗した時の後始末をすることではない。それは誰にでもできる。本当の先生の仕事とは、子どもの小さな変化から、一人ひとりの育ちにつながるものをみきわめて、上手に援助をすることだ。それもさりげなく。丁寧に。

心と体をつかって

　上手に援助できる先生に助けてもらえる子どもの立場で考えてみよう。それはとても安心なことだし、うれしいことである。その先生がそばにいてくれると、自信を持っていろんなことに挑戦できるだろう。そして助けられることの喜びや感謝の気持ちを経験できるだろう。それは、より弱いものへの思いやりへと、つながっていく。

　保育の現場は、そんなことを、先生に教えてくれる。その中で、子どもの多様性や限りない可能性を発見できる。きちんと自分の心と体を使って、実践を積み重ねている先生は、単純に、「子どもは元気でのびのび」なんて思わないだろう。それは間違いではないが、子どものほんの一面を言っているにすぎない。子どもはそんなものじゃない。はしゃぎはじめて大騒ぎもするが、落ち着いて、集中して、まわりの空気も動かないくらい、まっすぐに向きあうこともできる。子ども理解が単純すぎるかどうかは、そんな子どもの姿を見たことがあるか、育てたことがあるか、一緒に経験したことがあるかということの違いだ。

惜しい

　最初に戻るが「この園の子どもはおとなしすぎる。私は明るく元気でのびのびの子ども

を育てたい」という先生は、自分から子どもをもっと知ろうとする、しんどい努力をしてこなかったのだと思う。そして、それだけに、子どもも本音を見せてくれない。子どものすごさや、子どものすばらしいところは、見ることのないまま、触れることのないまま、今日まで来たのだろう。残念だ。惜しい。この仕事を選んだからには、それを経験しなければ意味がない。

　ある日の朝10時のことだ。5歳児の子ども55人が集まって、私を待っている。ワイワイとにぎやかに話している。私は前に座る。子どもたちは一斉にこちらを向いてシンとなる。「君たち、よくしゃべるねぇ」と、私は話しかける。
「あんまりしゃべりすぎると、体中、口になって、山姥のようになってしまうんだよ。」
「まさかそれはないだろう」と、子どもも余裕の表情で目が笑っている。
「あっ、信じてないな。よーし、それでは頭のてっぺんが大きな口になっている山姥の話をしてあげよう」と言うと、待ってましたとばかりに、座り直して、みんな背中をピンと伸ばして、ワクワクした表情になる。

　だから保育は楽しいのだ。

第7章
仕事場を選ぼう

「子どもとあそぶ時間がない保育」
「子どもに選ばせない保育」
というのは、とても悲しい。
そんな保育をあたりまえのように受け入れてきた先生の責任は大きい。
先生が生まれ変わるのは、なかなか厳しくしんどいものだが、
気がついた時にいつでも方向転換はできる。

出産間近

　出産間近の職員がいた。10月の運動会の日はすでに臨月。月末から産休に入る予定だった。運動会の2～3日前のことだ。
「私、オープニングの体操は、しゃがめないのでみっともないから、隠れてましょうか？」
と言ってきた。
「先生は、緊張感のある人はいつでもどこでも邪魔になりません。その反対が困る。君は大丈夫だから、堂々と真ん中で仁王立ちでいなさい。」
　運動会のあとも、しばらくはゆったりと涼しい顔で保育していた。子どもたちもとても安心していられたと思う。月末間近になって、ちょっとつらそうな顔で言ってきた。
「子どもがこまっている時に、すぐに飛んで行って助けてあげられなくなりました。そろそろでしょうか…」と、真顔で言って、次の日から産休に入った。つらかったのは自分の体のことではなかった。
　そして、間を置かず、女の子を無事出産した。
　この先生の担当の子どもの10月のレポートは、なかなか読みごたえのあるしっかりとした内容だった。その先生の毎日のすべてが、言葉となってあらわれている。子どもを表

現するのに、的確。甘くないが突き放しているわけでもない。あたたかく、厳しい。こんな風に、伝える言葉が自然に生み出されてくるのはすごいことだと思う。ちょうど、勤務して10年。まっすぐにやるべきことを積み重ねてきたことの、一つの結果なのだろう。6ヶ月の産休明けをみんな待っている。

力のある先生

　専門的な勉強をして、最初に仕事をする場はとても大切だと思う。最近は、どの職業も一つの職場への定着率が悪い。自分にあった職場を探すのは悪いことではない。しかし、若い人が自分にあう、あわないを、社会人として未成熟な時に決めてしまうことにあやうさを感じる。

　私たちは、粘り強く力のある先生を望んでいる。

　力のある先生とは、どんな存在なのか？　先生ははじめから先生ではない。先生はつくられる。そういう意味で仕事をする現場は、大切だ。力のある先生は力のある仕事場で生まれてくる。

採用試験

　職員採用試験をした時のこと。思っていた以上に、経験者の応募が多く、面接の内容に工夫が必要だった。経験者の方は、我々にもうれしい。保育は、現場で覚えることばかりだからだ。基本的なことを身につけた経験者は、すぐにクラス運営もできるし、安心だ。ところがこの時は、そうばかりでもないことに気づいた。
　私は面接の前に、園の方針について話をした。
「保育中は大きな声で子どもをとりしきらない。」
「子どもにああしろ、こうしろと言わない。」
「落ち着いて話の聞ける子どもに育てる。そのためには、子どもを怒らない。」
「無理に苦手なピアノを弾かなくてもよい。できる人にやってもらう。あなたは自分のできることを磨けばよい。広く浅く何でもできるより、一つひとつのことを、きちんと丁寧にできる先生を望んでいます。」
「先生は、はじめから先生ではない。先生は、子どもと親に助けられて先生になっていくもの。背伸びをしないことです。」
「時間を細切れにした設定保育はしません。ゆったりとした時間配分、カリキュラムで子どもがじっくりと集中して取り組めるように配慮しています。」
「子どもに選ばせましょう。そのために、教材、教具など、厳選したものを準備して、環境を整えています。」
「子どもを見せ物にするような行事はしません。基本的に、お稽古事もしません。お稽古事は、子どもの能力に応じて、個別に、家庭で取り組めばよいと思っています。」
　などなどのことを、順不同で話した。そのあと、グループにわかれて面接がはじまった。
　面接の中で、経験者の方には、失礼とは思ったが、「どうして、勤めていた園をやめたのですか？」という質問をした。その中の次の2つの答えが気になった。

子どもとあそぶ時間がない

①「子どもとゆっくりあそぶ時間が持てなかったから」
　これは、私たちには意外な答えだった。聞けば、毎日の保育の順番に追われて、余裕がなくて、子どもとゆっくりあそぶなんて時間はとても持てなかったと言う。

人ごとのような言い方で申し訳ないが、それは、カリキュラムの組み方に問題がある。一人の先生が一つのクラスを運営する保育環境。しかも、カリキュラムは細かく設定されて、時間に追われて、次から次へとこなすことを求められる。これでは先生は、とても忙しいと思う。そして何より気になるのは、これでは、本当には、子どもの理解はできないと思う。子ども理解には、子どもの本音を知らねばならない。

　子どもの本音に出会えるのは、一つのあそびを共有して、じっくりとあそびこんでいる時だ。子どもの言葉、動き、あそび方、友だちとの関係、工夫する力、集中力など、心を開いた時に何気なく出てくる本音の世界は、あそびでリラックスしている時だ。先生は、その場で一緒に子どもたちとあそびを重ねながら、「フンフン」「そうね」「ハハハ」と、相づちを打ちながら、その時の子どもの一挙手一投足から、子どもの心の発見をしているわけだ。保育室で、先生と子どもが向かいあって、指導している時は、子どもはなかなか本音を出さない。そのスタイルでは、子ども理解は中途半端だ。

　「子どもとあそぶ時間がなかった」と、勤めていた園をやめた先生は、一生懸命保育をしても、子どもの本音に届かないもどかしさを感じられたのだろう。よくわかる。

子どもに選ばせない保育

②「子どもに選ばせることができない保育でした」

　次に聞いた多くの答えがこれだ。先生が次から次へと与え続ける保育、指示し続ける保育は、想像することができる。この保育では、子どもは選ぶことができない。言われたことをやるだけだ。

　一方で先生たちは、研修会などで、「子どもの自主性を生かす保育」の大切さを学ぶ。もっともだと思うが、園にもどってする実際の保育は違う。そのギャップの大きさが苦しくなってきたのだろう。子どもが選ぶことのできない保育環境では、子どもの自立した動きや、判断する力は、まず育たない。いつもイライラザワザワした、自信のない子どもたちができあがる。

　自立した、落ち着いた子どもを育てるには、「選べる」保育環境が必要だ。

　「子どもに選ばせない保育がつらくなりました」と言われる先生は、真に子どもを育てる保育をする上で、とっても大切なことに気づかれたのだと思う。

　さて、「勤めていた園をやめた」という、経験者の熱心な先生たちのふたつの主な理由

を書いたが、最初の私の保育方針を聞いて、「是非こういう保育をしてみたかったのです」と、面接ではみんな真剣だった。何度かの面接を重ねて、「それでは一緒にやってみましょう」と、何人かが採用になったわけだが、問題はこのあと起こった。この章の本題はここからだ。

型がこわれない

　若い頃、はじめて就職した園、みんな一生懸命だった。早く仕事をおぼえて、子どもの保育がきちんとできるようにがんばる。やがて１年経つと、若い先生もそれらしくなってくる。よくがんばったと思う。そして２年、３年…と経って、気がつくことがあるのだろう。「私の目指していた保育とは違う」となって、園を変わり、そうやって、我々のところにも経験者が来られたわけだ。

　ところが、私が面接の時に話したことは、保育をする上であたりまえのことばかりだが、経験者の先生たちがしてきた保育とは、ずい分差があったようだ。わかっていてもなかなか簡単には届かない。時には、１年目の若い先生の方が、すーっと受け入れて、すんなりとこなしている。それを見ていると、自分がはがゆくもなるだろう。

　先生は、一度自分のスタイルができあがってしまうと、なかなかこれがこわれない。「わかっていても…」なかなか新しい自分への一歩は重くすすまない。保育中、大きな声を出さない。子どもを厳しく怒らない。たったこれだけのことがむつかしい。

　そして、今までしてきた保育が、１年、２年と慣れてきて型にはまると、先生は全く柔軟性をなくして、新しいものを取り入れるのがむつかしいこともわかった。

こわれる・とけて流れる

　紙粘土を想像してほしい。簡単に扱うことができる。軽くて、それほど手も汚れない、始末もしやすい。すぐに形ができて、すぐに乾く。色もつけやすい。面接に来た経験者の先生が言うところの「子どもと一緒にあそぶ時間が持てない」「子どもに選ばせることができなかった」保育というのは、先生を紙粘土で作る人形ように、簡単に先生にしてくれる保育のことだ。

　ところがふと気づいて、「新しく自分を作り変えよう」とした時に、困ったことが起きた。

紙粘土は、一度できあがったあと再び、作り変えようとしても、柔らかくなってはくれない。無理にひっぱったり、のばしたりしようとすると、ボロボロこわれる。これではいけないと、今度は水を加えて柔らかくしようとする。ところがこれもいけない。水を加えると溶けて流れてしまう。保育者として、柔軟性のない一つの型ができてしまうと、先生は気がついて生まれ変わろうとしても、そう簡単にはいかないのだ。

「こわれるか…、溶けて流れるか…」これでは本人もつらいだろうと思う。柔らかくなって、新しい保育者としての自分を作るはずだったのが、どんなにがんばっても、いや、がんばればがんばるほど、ボロボロとこわれるばかり。

こんなことが実際に起こる。私はいくつもこんな例を見てきた。それでも、とけて流れたところで、今までの経験に頼らず、中途半端なプライドを捨てて、まっさらになって生まれ変わることのできたすごい先生たちも見てきた。でも、多くの経験者の先生は、生まれ変わることができず苦しんでいた。

仕事場を選ぼう

最初に「はじめてする仕事場はよく選びたい」と書いたが、そのことの意味は、4〜5年経ってからわかるのだろう。

新しく保育の仕事をされるみなさんへのアドバイスだが、「仕事場を選ぶコツ」は、早く型にはまらない場所がいいと思う。柔軟性を持ち続けていると、どんなところででもやっていける。気がついたところで変わることも可能だ。出会った子どもと、どんどん一緒に成長していくことができる。そんなことを許してもらえる園があればいいと思う。

本当に、子どものことを考えて保育している園であれば、それはあたりまえのことだ。

むしろ、早々と「先生」をすることの方がおかしいと思うだろう。子どもを真ん中において、あたりまえのこと、普通のことをしている園であれば、間違いないと思う。

あなたの「今年」は、次につながる一歩となっているだろうか？ それとも、「昨年」のくり返しだろうか？ そのことは誰も検証してくれない。自分だけがわかることだ。ごまかさず、あきらめず、自分を生かし、子どもの本音といつも向きあえるような保育を求め続けてほしい。

第8章
子どもにも気持ちがある

「子どもにも気持ちがある」

　こんなあたりまえのことを、
　　本当に理解している大人は少ない。
子どもが気持ちを主張しはじめると、大人は困る。やりにくい。
　それを承知で、あたりまえのことを、
　　きちんと、たどることで、はじめて、大人と子どもの良い関係が生まれてくる。

「子どもに寄り添う」
　簡単なようだが、これが意外と…。

おあつまり
　保育室から、先生の大きな声が聞こえてくる。
「いいかげんにしなさい」と、イライラした声は続く。
「どうしてわからないの。」
「この前も言ったでしょう。」
「こちらへ来なさい。」
「静かに！　し・ず・か・に！　静かにしなさい！」
一人の子どもがそれでも言うことを聞かない。先生はたまりかねて、足をダンダンと踏み鳴らして子どもに近づくと、手首をむんずとつかんで引っ張る。子どもは、反対側に反り

返るようにして抵抗する。それをグイグイ引っ張ってきて座らせる。やっと、クラスの子どもが何とか集まる。先生はホッとして、前に座って手あそびをはじめる。

　先生の勢いにびっくりして、はじめはシュンとしていた子どもたちも、先生の嵐が収まる5分くらいあとには、またゴソゴソとしはじめる。たった5分間しか座っていられない。話を聞いていられない。勝手にしゃべりはじめる。ポケットからオモチャを出してあそぶ。となりの子に乗っかって、それを嫌がる叫び声が上がる…。その度に、

「しずかにしなさい。」

「オモチャをしまいなさい。」

「だめ、危ないでしょう。」

と、先生は声をかけて、注意を与え、危険のないように止めなければならない。そうこうしている間に、静かにしていた子どもたちも、ざわざわしはじめた。それを感じて先生は余計に焦る。声も大きくなる。その声につられて、子どもはますます落ち着かなくなってしまう。そして空中分解…。

　苦労して子どもを集めてから、たった10分しか経っていない。そして残ったのは、先生のやり場のないあきらめと失敗感。あいかわらず好き勝手をして、先生を困らせている無秩序な子どもたちだ。

怪しい時もある

みなさん「おあつまり」を、どうしているだろうか。「どうして私は下手なんだろう？」と、悩んでいる先生はいないだろうか。

先輩たちは上手い。クラスをまとめるのが早い。子どもが先生の言うことをよく聞く。それはそれで、学ぶべきことだが、静かにまとまったクラスも、よく見ると、「何か変」な時がある。

何年も保育の仕事をしていると、子どもの扱い方はそれなりにわかってくる。「こうすればこうなる」「こういえばこうする」「こういう子どもにはこうする」「こうなったらこれを持ってくる」と、いくらでも方法が身についてくる。それらたくさんの方法を、上手に使うと、子どもを静かにさせることができる。クラスをまとめるなんて、それほどむつかしいことではない。

使い方にもよるが、ベテランの先生の持っているたくさんの方法は、子どもの一挙手一投足を縛ることのできる方法にもなる。子どもがしようとすることの先手を打って、ストップをかけるくらい、簡単なことだ。または、賞罰を上手く使って、子どもを思い通りに型にはめることもできる。こうなると子どもは、身動きできない。ただひたすら、先生に従うしかない。静かに先生の話を聞いている、まとまったクラスも怪しい時があるのだ。

子どもを見てみよう

本当に見てほしいのは、子どもの表情だ。先生の前に座っている子どもの表情はどうだろう。生き生きとしているだろうか。子どもが、自分で納得して先生の話を聞いている時は、表情が違う。

①ゆったりと守られているという安心感がある。先生に興味を持ち、話に関心を示す。目の力が違う。
②静けさの質が違う。息をする音も聞こえるくらいと言えばわかるだろうか。
③集中している度合いがすごい。「話を聞くことを強要されて、させられている」のでない時は、外から聞こえてくる雑音に、心を奪われることもない。咳払いも、鼻をすする音も聞こえるが、心は動揺しない。集中することを楽しむと言えばわかるだろうか。

以上のような子どもの表情や雰囲気が感じられれば、この「おあつまり」は、子どもにとって、意味のあるものに間違いない。

それは感情論だ

　ところが、そんなものは先生の感情論に過ぎないという厄介な反論も聞こえてくる。

①「目の力が違う」それってどういうことですか？どんな力なんですか？説明できるのですか？
②息をする音も聞こえるくらいの静けさ？　本当にそんな音が聞こえるんですか。そんな気がするだけなんでしょう。抽象的な気分のことを言っているだけじゃないですか。
③集中することを楽しむ？　どんな楽しみなんですか？「おあつまり」の時は、集中しなければならないんです。これは躾ですよ。我慢して聞くことが大切なんです。少しは苦しいでしょう、我慢しているんですから。でもこれが大切なんです。今の子どもは、特に我慢ができないんですから。集中する事を楽しむなんて、甘いことを言っているから、きれいごとを言っているから、子どもが言うことを聞かなくなるんです。

　保育の現実に鍛えられてきたベテランの先生方からは、こんな意見も出るかもしれない。子どもの一挙手一投足に、先手を打って先まわりするテクニックを持った先生からすれば、「子どもが自分で納得して…」なんていうのは、あくまで、保育の理想であって、実際には空論に過ぎないと、手厳しいかもしれない。

半職人に困る

　保育のむつかしさがここにある。
　「おあつまり」の方法だけを考えても、こうやって、議論がぶつかる。現実に強いベテランの先生が多い園ほど、ここから先へはすすまない。みんなそれなりに、子どもをまとめるくらいのことには、十分自信があるからだ。「理屈を言わなくても、私はちゃんとやっている」という自信があるのだ。
　ベテランの先生の保育園や幼稚園の園長が、時々、こうこぼす。

「特に落ち度があるわけでもなく、子どももきちんと面倒をみている。親とも上手に話すことができる。安心ですが、子どもの立場で見ると、何か違うんです。職員会議で、子どもの立場で考えようと提案しても、響かない。みんな、それくらいわかっている。私はできているという自信がある。涼しい顔をして、本気で聞かない。これでは保育は変わらないと思うんですが…。」

保育に携わる先生というのは、最初はマニュアルから出発するが、最後は、個々の先生の力量にたどりつくという、職人のような仕事だ。職人は、どこでも気難しい。それはいいのだが、自分の経験だけに頼って、我流で身につけた技術のみを売り物にする、「半職人」というのが困る。

違いがわかる

「子どもの目の力が違う」
「息の音も聞こえる静けさ」
「集中することを楽しむ」

というのは、感情論ではなく、感性の問題だ。感性は、磨かれ続けなければならない。それは、よりよいものを、見て、聞くことで、高められていく。よりよいものを経験することは、「違いがわかる」ということにもつながる。違いがわかる先生は、謙虚だから、議論のぶつかりあいで、一人よがりになることはありえない。

保育をより良く変えるためには、まず問題が見えないとならない。とりあえず今日の保育が大過なく流れている時に、課題をみつけるのは、簡単ではない。「何の落ち度もなく、子どもを安全にお世話し、親を安心させているではないか。これで何か文句あります？」こうやって、半職人のような先生たちに取り囲まれて、保育は、頭打ちのまま、何年も続いてきているのだ。

「違いのわかる」先生になりたいものだ。いつも感性を磨いて、より良いものを目指したいと思う。そのためには、自分だけの、我流の世界から、ちょっと前にすすむことが必要だ。

子どもの気持ち

「子どもが自分で納得して…」ということを、もっと深く考えてみてほしい。変わるポイントは、このひと言につきる。

あなた自身のことに置き換えてみよう。納得して仕事をする時、納得して家事をする時、納得して待つ時、納得して払う時、譲る時、それはどんな気分がするだろうか。それとは反対に、無理矢理の時はどうだろう。子どもも同じだ。

子どもにも気持ちがあります。納得していない時は、心を閉ざしてしまう。何とかやりすごそうと、横着して、適当にごまかし、無表情になって、本音を言わない。

例えば、職員会議で、わかっていることをくどくどとくり返して時間を費やしている時に、あなたは心を閉ざした子どもと同じ気持ちを感じるだろう。笑顔を取り繕い、話し言葉は建前ばかり…。

「自分が嫌なことは、子どもも嫌だ。」ちょっとした想像力があるだけで、子どもの内面をのぞいたり、子どもの表情の違いを感じ取ることができる。

「躾だから」とか、「我慢もおぼえよう」というのは、大きな勘違いだ。「躾」は、大人の勝手な解釈でつきすすむと、幼児虐待の言い訳になる場合がある。「我慢」とは、弱い立場の者に強いることで、学級崩壊の原因となった、「やらせ」に、あっという間に姿を変える。

あきらめないで

どんな理屈をつけても、「無理矢理」に、良いことなど一つもない。

子どもを「おあつまり」に導入する時は、絶対に大きな声を出してはいけない。叱ったり、驚かすようなことでもダメだ。子どもを萎縮させてはいけない。しつこくくり返し注意することにも意味がない。それを承知して、子どもを集める。でも、そんなことができるのだろうか。

それができるのだ。方法はちゃんとある。そのことを諦めてはいけない。

次頁の写真①〜⑤を見てほしい。こんな風に、自然に子どもって、納得すれば集まってくる。先生はただ、前に座って、子どもを待っていればいいのだ。

子どもを納得させる方法を、とことん考えてほしい。それは、違いのわかる感性を育て

①部屋であそんでいる

②片づけを始める。先生が前にすわる

③5分経過、子どもが集まってくる

④10分経過、58名全員が集まる

ながらで、自分が納得して仕事をすることに重なっている。

　諦めないで子どもに向きあっていると、いろいろな違いが発見できる。子どもの目をまっすぐにのぞき込むと、その力が見えてくる。心を開いて、静けさの中にどっぷりとつかると、確かに、息の音が聞こえてくるはずだ。どきどきするくらい集中して、空気のはりつめているその心地良さを、ぜひ一度、経験してほしい。

第9章
先生、話が違うよ

　　　保育実習は、学生にとって、意味のある体験になる。
　　　　　ほとんどはじめて、子どもと向きあうという学生もいる。
　　　あらゆることが、全てのことが、貴重な学習の場だ。
　　　　　「さからっちゃった」と、成績が悪くても気にすることはない。
　　　何が大切なことなのかを、きちんとみきわめ、
　　　　　そこから軸足がぶれないように、しっかりと腰を決めて行きなさい。

話が違うよ

　私が授業を持っている大学の学生が、ある園の実習に行った。そして毎日叱られているという。
「先生の話とずい分違います。私なんか、ずーっと叱られているんですよ。一週間経ってとうとう、担当の先生はあきらめてしまったんでしょうね、休憩の時にお茶も入れてくれなくなりました。仕方ないので自分で入れて、はしっこでこっそり飲んでいます。毎日、いつ叱られるかと、緊張の連続ですよ」
と、けっこう真剣に訴えてくる。
「いや〜、それは悪かったね。苦労してるんだ。僕の話とずい分違ったか！それで、何が違ったの？」
学生は、「それそれ！」という様子。それが話したくてたまらなかったのだろう。

初日にいきなり

「先生に以前、こんなことを教えてもらいました。お母さんがお迎えの時に、子どもが、

園庭であそんでいたら、オーイなんて呼んではいけない。きちんと靴を履き替えて、子どものそばまで行って、子どもの顔を見て、『おむかえですよ』と話し掛けて、二人でもどってくればいい。オーイと呼ぶと5秒ですむ。靴を履き替えて…となると2分くらいはかかる。でも、子どもに向きあう小さな積み重ね、穏やかなかかわりがとても大切なんだ。そして、園の中では、決して大声を出さないこと…。というようなことを聞きました。」
「ああ、そうだね。いつも、実習の講義の時はそんなことを話しているよ。」
ほらやっぱり、という感じで学生は、身を乗り出すように続けた。
「それで私、最初の日にそうしたんです。」
「おっ、それはえらいねぇ。ちゃんと覚えてたんだ。そりゃたいしたもんだ」と、私がほめると…。
「でもね。それで私、叱られたんです。」
「あらら…。」
「あらら…じゃないですよ。私はいきなり叱られて、ビックリして、どうしていいかわからなくなって困ったんですから。」
「で、どうして叱られたの？」
「降園時、お母さんの顔が見えたので、私が靴を履き替えて子どもを呼びに行こうとしたら、

担当の先生が、いきなり私にこう言ったんです。『あなた何のんきなことしてるの！ここから呼べばいいのよ！そんなまどろっこしいことで、子どもの仕事ができると思っているの！子どもって、元気で活発で走りまわっているのよ。それに負けないくらい、あなたも元気で勢いがなきゃ良い先生になれないのよ！大きな声でここから呼びなさい！』」

さからっちゃった

　この実習生には、なかなか元気な先生が担当になったようだ。しかし考えてみると、これぐらいが普通かもしれない。けっこう、保育園や幼稚園の先生は、声も大きく、元気な人が多い。実習の初日にこの学生は、その普通のことを教わっただけにすぎないのかもしれない。
「それで君はどうしたの？」
「私、困ったんです。でも、どうしても大きな声で子どもを呼ぶことができなかったんです。先生の話を聞いてなかったら、平気で大声で呼んだかもしれません。でも聞いちゃってましたから。それに、その理由も私なりに、そうだと納得できてましたから…。」
「へー、フンフン」と私。そのあとが知りたくて、今度は私が身を乗り出す。
「私、担当の先生を無視して、靴を履き替えて、その子を呼びに行ったんです。それで手をつないで戻って来て、手を洗って、その子はバイバイって、帰りました。」
「ありゃ、そりゃまずいね。担当の先生の指示にさからったんだ。」
「さからいました。だから、その先生の顔を見れなかったんですよ。気配だけで怖そうだったんですから。」

成績悪いですよね

　それ以来、その担当の先生から「あなたは元気がない。もっと大きな声を出して。ピアノをもっとしっかり。大きな声で歌を元気よくうたわせて」と指示が細かく飛ぶという。
「それでとうとう、知らん顔されて、自分でお茶を入れるようになったわけだ。」
「はい、まぁそういうことになります。私、実習の成績悪いですよね。担当にさからってるんですから。先生、責任あるんですから、成績が不可だったら、何とかしてくださいよ。」
　話はとんだところに飛び火した。おそらく、この学生は、成績は期待できないが、いい

実習をしていると思う。担当の先生は、一生懸命、先生としての仕事や心構えを教えて下さっているのだろう。おそらく、それを素直に受け止めない学生を生意気でかわいくないと苦々しく思ってらっしゃるかもしれない。

　このベテランの先生は悪くない。自分の信じたこと、自分の経験を、これから先生になろうとする若い学生に教えようとしているだけだ。

視点を変える

　このことから思うが、物事は、いかに光の当て方によって、その意味が違ってくるかということ。明るく元気で、大きな声でハキハキと子どもをとりしきるのは、望まれる先生のスタイルの一つとして認められてきた。しかしそれは、先生側から見た時の価値だ。子どもの側から見ると、どんな理想の先生像が見えるだろう。ちょっと視点を変えてみる。光の角度を変えてみる。そのことによって、ひょっとしたら、全く違うものが、今までかくれていたものがあらわれるかもしれない。

　ところが、何でもないようだが、この、「ちょっと視点を変える」というのが、ひどくむつかしい場合がある。人は自分の生きてきた世界にこだわる。そこで経験したことから考え方を身につける。何をよしとして、何を突き放すかの、価値観がそこから生まれる。それを自分らしさとして生きている。

　だから「視点を変える」のは、ひょっとしたら、自分の生き方を変えることになるかもしれない。自分の経験してきたことや信じてきた価値が否定されるかもしれない。「それではたまらん」わけだから、不安や自信のなさはあっても視点は変えにくい。自分の価値を守るために光の角度は同じであってほしいと固執する。

もっと厄介な人

　また、「視点を変える」必要を感じていない先生もいる。常に、「私は正しい」と、信じているわけだ。これまた困ったことだ。先生という仕事は、この落とし穴にはまりやすい。自分が見られているという意識が育ちにくい。客観性の乏しい仕事だからだ。自意識ばかりが強くなって、いつしか自分が一番と思い込んでしまう。教える側ばかりが強調されて、教えられる側が想像できなくなってしまう。

この元気な先生は、信念もあって、間違ってはいない。しかし視点を変えてみると、「ん？」と今までかくされていたものが見えてくる。それは、次の二点だろう。

①先生が一番と思い込んでいる
　我々の仕事は、先生は常に二番だ。一番は子ども。子どもがイキイキとしてはじめて、先生の役割といえる。明るく元気で自分が一番に生きている先生のクラスの子どもたちは、頼りなげで自分勝手。自立できていない不安定さがある。

②先生の指導で子どもが育つと信じている
　子どもは、先生の指導では育たない。子どもの持っている力が目覚めてはじめて、指導が効力を発揮する。子どもの能力がねむったまま、抑圧されたままの状態では、指導は意味をなさない。そういう意味で、先生の指導は条件つき、限界があると自覚する節度が必要だ。

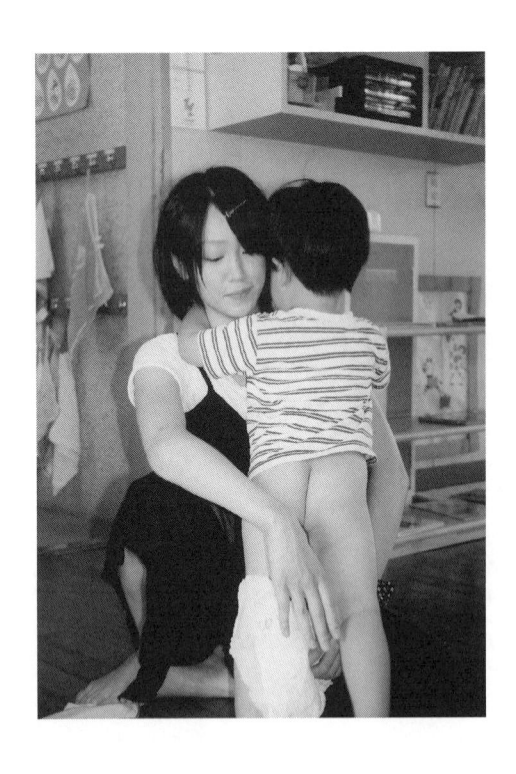

あちこちで

　勘違いをしている先生は、あちこちで見かける。

　先日、小学校の4年生が、体験学習で園にやって来た。小さな子どもたちに、楽器演奏や手品をみせてくれるという。

「この園では、子どもたちがグループで集まっている時は、ピンと張り詰めていて、静かにしています。先生は大きな声をださないのがルールになっていますので、そのあたりを了解した上で来てください」と、あらかじめ園の様子を、小学校の担任の先生には話してあった。

　10時頃、小学生20名ほどが、先生に引率されてワイワイとやって来た。その時一階では、3歳児60名がグループレッスンの真っ最中。みんな座って、先生の小さな話し声に聞き入っている。

　学校の担任の先生は、思わずあわてたようだった。前もって話してあったのだが、園の様子が想像以上だったのでビックリされたのだろう。そこで小学生に向かって、「シーッ、シーッ、静かに。静かに入りなさい」と、声かけはじめた。唇に指を当てて、「シーッ、シーッ」と、しつこいくらいにくり返す。小学生は、「へぇー」なんて顔で落ち着いて入ってくる。

「シーッ、シーッ」と、合図は段々大きくなってくる。おまけに、先生のはいたスリッパがパタパタと音をたてる。「シーッ、静かに」と、けっこう大きな声で呼びかけながら、パタパタと先生のスリッパが響きわたる音を残して、学校のグループは2階へ上がっていった。

何か変だよ

　この先生は悪くない。静かにするというのはこういうものだと信じてらっしゃる。ずーっとそうやって子どもをとりしきってきた。言葉にすると「先生が大きな声で、子どもに静かにすることを教える」ということだろうか。

　でも、横で見て、聞いていると、なんか変だ。「先生が一番うるさいよ」と、ひとこと言いたいのだが、それは失礼になるので言えない。それにおそらく、これがいつもの先生のスタイルなんだろう。生徒も、「またか」という感じで、先生の注意を緊張感もなく聞いている。これではおそらく、心には届いていないだろうと想像できる。先生は悪くないのだが、光の当て方がちょっと違う気がする。ちょっと視点を変えて、自分を客観的に見ると、全く異なる発見ができるのに…。

小学生は早い

　それでも小学生たちは気づくのが早い。

　体験学習で園を訪問した時、中に入ると、小さな子どもたちが先生の話を一生懸命聞いている。「へぇー」なんて寄っていくと、なるほど先生の声は小さいけれど、興味や好奇心は刺激される。いつの間にか、そのグループを取り囲んで、話に聞き入っている。「静かにする」ことを教えなくても、そういう状況が設定されれば、子どもはちゃんと、向きあうことができる。これで十分、その日の体験学習は意味があると思う。

　先生にもいろんな方がいらっしゃるから、学生はいろんなことを経験してほしい。

　「反面教師なんて言葉もあるよ」なんて、実習真っ最中の学生に、もっともらしいことを言うと怒られるかもしれない。しかし学生の今だからこそ、考え方の違いや、実際の保育の方法の違いが、冷静に学べる。そしてその中で、いつも子どもを大切に思う気持ちや、子どもに対する謙虚な態度を持ち続けてほしいと願う。

また指導者は、一つのスタイルを押しつけることなく、学生に考えさせてもらいたい。「今の学生は…」なんて投げ捨てないで、未熟ながらも、彼らの意見を聞いてやってほしい。その上で、きちんと納得のいく指導があればうれしい。
　全国の実習に行っている学生諸君！お茶は一人で入れて飲もう。そして冷静に見極めをしよう。

第10章
勘違いですよ

勘違いは、誰にでもある。
　　しかしそれがあたりまえになってしまうと、ちょっといけない。
　勘違いは、勘違いとして、いつか正されなければならない。
　　　　違いのわかる大人が、求められているのだと思う。

むつかしいものです

　これは、ある大きな園におはなしに出掛けた時のことだ。その日は、保護者会からの依頼だった。2階に案内されたあと、担当者が挨拶をされた。聞くと、その市の予算の範囲内で、年間に4回の講演会や集いを計画されているらしい。
「この園の子どもたちは、隣の小学校に行くんですね」と、私が聞くと、
「ええ、全員、校区の子どもです。」
「今は、小1プロブレムと言って、1年生から子どもが落ち着かなくて、授業ができないと問題になっていますが、このあたりはどうなんですか？」
「あぁ、それなら知ってます。」
と、横でお茶を入れていたもう一人の担当者が答えてくれた。
「LD（学習障害）とか言うんでしょう。去年の講演会で、講師の先生が話されていました。」
「あぁそうでしたか。よくご存知ですね。でも、小1プロブレムというのはちょっと違うんですが…」と、私が話そうとすると、
「なんか、自閉症の子どもも多いんですってね。学校の先生も大変だと思います。この校区でも、数人、そんな子どもがいますけど…。」
「その子たちって、支援学級でしょう？」と、もう一人が聞く。
「そうそう、校舎の1階にあるクラス。」
「あ、あの、それは別の問題なんですよ」と、思わず私。話が変な方向に行っている。し

かし、きちんと説明するのは時間もないし、困ったぞと思っていると、
「そろそろお願いします」と声がかかり、私たちは1階の遊戯室へと降りることになった。

聞こえませーん

　広い遊戯室には90人くらいの保護者が集まっていた。園庭を見ると、参加保護者の自転車が散乱している。子どもたちのあそぶスペースはかなり狭くなっている。

　私は促されて、正面に立った。右を見ると、大型積木にうもれるようにして、小さな子どもたちがあそんでいる。どうやら、この園に通っている園児の弟妹のようだ。

　しかし、講演会の同じ会場の中で託児をしているのは初めての経験だ。積木のドタバタという音と、子どもの声、泣き声、走りまわる音と、かなりにぎやか。その度に、親も立ち上がって、自分の子どものところに行くから、会場も何となく落ち着かない。おまけに、すぐ横の園庭では、園児が大騒ぎで走りまわっている。音楽が鳴り、朝の体操らしきものまで始まっている。
「これはすごいぞ」と、私はあちこちを気にするのだが、おはなしを聞こうと来ている人たちには、「いつものこと」のようで、それほど、気にもしていない様子。

やがて私は、いつものように話を始めた。すると、すかさず、苦情の声が飛んできた。
「聞こえませ〜ん！！」
　そりゃ、聞こえないでしょう、こんな状態だから。私は思わず、会場のみなさんにこうたずねた。
「いつも講演会はこんなに騒々しいのですか？」
　さすがにその時は、パイプ椅子に座っている親たちも困った顔になった。
「わかりました。いや、私はいつも子どもと一緒ですから、子どもの声はまったく平気ですからいいんですが、来られてる方は大丈夫かな？と思いまして…。」

やっといい感じ

　それでも私は、「聞こえませーん」の方にサービスして、聞こえるように大きな声を出すことはしなかった。
「この状態ですから、聞こえにくいですね。でも、人の耳って、よくできてるんですよ。どんなにうるさくても、自分から聞こうと意識を働かせると、小さな音も聞こえるようになってきます。もうちょっと辛抱してみてください。大きな声を出すのは簡単ですが、おそらく、それで聞かされ続けると、今度はうるさくなって、自分で心を閉ざしてしまって、聞かなくなってしまいます。子どもと同じなんですよ。丁寧なきちんとした言葉で育てられた子どもは、賢く、考える力が育ちます。私はいつも大きな声を出すことは恥ずかしいことなんだよ、と子どもたちに教えています。声の音量に頼らないで、心を開いて、自分から聞こうとする子どもになってほしいと思うからです。みなさんも大丈夫です。ちゃんと聞こえてきますよ。」
と、やんわりと突き放して、淡々と話をすすめた。
　でも、この状態で、何を話せばいいのか？どんな話が、みなさんの役に立つのか、意味があるのか？考えながらだったので、最初の予定とは違って、ずい分、話の内容は変わっていった。

①明るく元気でたくましい子どもには落とし穴がある
②子どもにとって本当に意味のあることに危険を伴わないものはない
③できてあたりまえ、できなくてあたりまえ

④子育ての方法は、抱き寄せる、つき放す、見守るの３つだけ。大切なのは、その見極めをすること

　こうしたことについて40分ほど話した頃に気がついた。残念ながらまわりの状態はさほど変わっていない。あいかわらず、託児の子どもたちが会場を積木を持って走りまわり、園庭では、今度は水着に着替えた子どもたちが、キャーキャーと水あそびで大騒ぎ。
　ところが、話を聞いている親の表情は、明らかに変わっている。みんなの聞こうとする力がこちらにも感じられる。もう「聞こえませーん」の苦情も飛んでこない。いい感じだ。

あなたジャマです

　そこで私は、「そろそろいいかな」と、話を途中で止めて、正面を降りると、会場を後ろに突き抜けて歩いて、一番後ろで最初からずーっとしゃべり続けている若い２人の母親の前に行って、こう言った。
「みなさんが聞く気分になると、あなたたち２人はとてもジャマになります。子どもが騒々しいのは仕方ないとして、あなたたちはルール違反ですよ。」
　もちろん、その２人は憮然として、会場を出ていった。
　みんながいい加減な時は、この２人もそれ程気にならないが、みんなの方向がしっかりと定まると、その違いは際立ってしまう。適当な引き締まりのないだらしない環境の中では、何が正しくて、何が間違っているのか。どうふるまったらいいのか、どう気をつかうのか、こんなことは、気づかないもの。違いがわかるような状況がうまくできると、こちらであれこれ言わなくても、みんな自分で判断できるようになる。

園と協力して

　講演会は、とりあえず無事に終わった。
　再び２階の職員室に案内されたあとから、数人の母親が追いかけてきて、今日の話に共感したと伝えてくださった。最初の担当者の表情も、ずいぶんと違ったので、私は次のように言った。
「お世話をするのはたいへんでしょう。こういう時は、もっと園と協力した方がいいですよ。

例えば、講演会の間は、園のカリキュラムも工夫してもらって、お部屋でのグループ活動にするとか、午前中は園外保育にするとか、それくらいいくらでも工夫できるものなのですよ。それに、園の教室はいくらも空いていますから、託児にお借りして、交替で子どもの世話をするのも、それほどむつかしいことではありません。保護者のみなさんが落ち着いて、集中できるような状況作りが大切ですよ。それには、園ともっと協力しなければ…。
　お母さんたちは勝手にやってて、園は勝手に保育をして、というのでは、いくらいいおはなしを聞いても、良い子育てにはつながりません。先生も親も、大人が一緒になって子育てをしなければ、意味がありません。朝の自転車の並べ方から、きちんと受け入れる環境作りが必要です。また、託児をお願いする人は、持ち物や名札を忘れず、お世話をしてもらう人の気持ちになって子どもを預けます。
　園は、親が集まりはじめたら、各クラスごとのカリキュラムにそって、人の出入りのジャマにならないようなクラス運営を工夫しなければなりません。講演会の妨げになるような大きな声や動きは、できるだけ遠慮して、みんなが気持ちよくおはなしが聞けるようにします。親の側も、そんな雰囲気があると、気持ちも新たに引き締まります。勝手なおしゃべりも、自分から遠慮するようになります。」

それはちょっと言えない

「あっ、それから、先生たちにも、今日のおはなしの報告をしておいてください。園庭で、先生が大きな声で子どもをとりしきるのを聞いていると、ドキドキしてしまいます。子どもが落ち着きません。先生と同じように、子どもも甲高い声で大騒ぎになります。私たちは、話の聞ける子どもを育てなければなりません。それには、園で、きちんとムダのない環境を整え、先生が大騒ぎをしないことです。」
「それは…、とても言えないですよ。でも、そういわれると、こうしていても、うるさい声が聞こえますね」と、母親の戸惑った言葉。
「もう一つ、朝来た時に話した、小1プロブレムは、LD児や自閉症児の話ではないのですよ。今日おわかりになったと思いますが、どの子もみんな、予備軍みたいなものなんですよ。人ごとでなく、あなた方自身の子どもさんのことかもしれないのですよ。このままではね…。」

本当は簡単なのに

　ちょっと厳しく言ったかもしれないが、今後は、講師のおはなしを聞く前に、これくらいの段取りは必要だと思う。子育ては、一貫性、整合性がなければならない。子育ての講演会の内容と、毎日の保育の内容が別というのでは、つじつまがあわない。そこに整合性を持たせることが、本当に保育が変わるということにつながる。

　「うちは子育て支援に取り組んで、講演会もやってますから」と言われても、中身はどうかと、つい考えてしまう。

　本当に、親が変わる、子どもが変わる、保育が変わるということをやるには、もう少し、全体を見渡す視野の広さと、丁寧な段取り、きめの細かいコミュニケーションが必要だと思う。

　「保育をかえるというのは、むつかしいものなんだなぁ」と思ってしまうが、方向が定まれば、とても簡単だ。都合の良い、その場しのぎでは、何をやってもダメ。いいおはなしを聞くだけで、子育てがかわるわけがない。日常の視点が大切なのだ。

　むつかしくて大きな話は知識として重宝される傾向にあるけれども、日常の小さなことに対しての想像力が欠けていると思う。

　違いがわかること、工夫する知恵があること、そんなことをまず考えるべきだろう。

第11章
子どもを尊敬する

　1部の最後に「子どもを尊敬する」を持ってきた。
　　保育者であれば誰もが持つだろう、
　子どもに対する嘘のない気持ちをどうやって表現してたらいいのか…。
　　最後にこの8文字を選んだ。
　　「尊敬する」というのは、よく知られた言葉ではあるが、
　「先生を尊敬する」ではなく「子どもを尊敬する」というのが
　　　何となくミスマッチのようで気に入っている。
　　　　そこに熱い思いを込めた。

　「子どもを尊敬する」という言葉を思い出した。
　新学期の頃、「今年は新しい風を吹かせるぞ！」と張り切っている先生もいれば、「なんとなくまた始まった」と、気力が充実しないままの先生も見られた。今年の目標というわけではないが、目指すものとしてお題目に終わらず、きれいごとにならないように、実のある内容をと考えていたところ、冒頭の言葉が浮かんだ。
　はっきり言って、子どもを尊敬するということは、むつかしいことだと思う。子どもは、圧倒的に大人に守られている。お世話され、保護されなければ死んでしまう。だから、守ってもらう子どもが、大人を尊敬する念を抱くのは自然なことだろう。しかし、守る大人が、守られる子どもを尊敬するというのは、簡単なことではない。

大人の庇護の下にある子ども

「大人の庇護の下にある子ども」というイメージが、大人と子どもの上下関係を作り出している。実際、子どもは何も知らない。何もできない。最初は立つこともできず、物を上手に持つこともできないのだから。一つひとつ教えてやらねばならない。毎日毎日、大人は子どもにくり返し教える。子どもは時間をかけて覚えていく。その一方的な関係が、時を経て集団保育の現場に持ち込まれた時、教え込みの保育が生まれた。

そこでは子どもは、教えられるべき対象である。まず、躾と称して、みんなと同じことをすることを強制されている。さらに、生活習慣を身につけるとして、同じ時間にトイレへ集団で行き、決められた時間に、一斉にお茶を飲み、全員集まって、同じように給食を食べ、みんな揃ってお昼寝を毎日くり返しさせられる。

「子どもには選ぶ自由はないのでしょうか」と、問いかけると、「好きにさせると、子どもはわがまま放題になる」と、答えが返ってくる。この空しいやり取りは、何十年と続いて、今もなお変わらない。大人と子どもの関係性と、そのイメージが変わらない限り、保育の本質はやっぱり、残念ながらあまり変わらないような気がする。

先生の仕事って何だろう

　「先生の仕事って何だろう」と考える。保育園、幼稚園では、子どもには教えてやらねばならないことがたくさんある。子どもが初めて、集団生活を経験するわけだから、持ち物の管理、1日の流れ、クラスの活動、友だちとの関係、具体的な課題など、たくさんたくさん教えることはある。それらを通して、一つのクラスをまとめて、管理して、運営していくのが先生の仕事だ。と、思われるが、これは本当だろうか？

　もし、それが先生の仕事であるならば、私にとっては、この仕事は簡単だ。子どもを集めて教え、「ほめる」と「罰」を上手に使って管理する。言うことを聞かない子どもは引っ張って、クラスをまとめるなんてことは、ひどくたやすいことである。少し行き過ぎがあっても、「躾だから」「生活習慣を身につけさせる」と、言い訳できる都合の良い言葉はいくつも用意されている。これが先生の仕事であればとてもたやすい。

　しかしそれでは、3年も経てば、自分はどうなるんだろうと考える。おそらく、4月の新学期に「なんとなく今年も始まった…」と、意欲が持てないまま、気力の充実してこない空しい自分がそこに想像できる。

子どもを知ること

　「先生の仕事は、子どもを知ること」だと思う。最初に子どもと出会って、先生のすることは、目の前の一人の子どもに、興味と関心を持つことだ。次にこの子をもっと知りたいと思う。子どもの生育歴は、児童票を読めばわかる。家庭調査票があれば、もう少しわかることもあるだろう。実際にクラスを運営する中では、できること、できないことがわかってくる。早いこと、遅いことも、設定保育をすればすぐにわかる。しかし、その中で、先生に「わかったこと」は、子ども理解のちょっとした手助けになるくらいで、子どもが本当にわかるというのには、まだまだ届いていない。

　子どもの本質をきちんと理解するためには、条件が一つある。それは、子どもが先生に向かって、心を開いてくれることだ。子どもの心が、緊張や不安で閉じられたままでは、表面的な、とりつくろったものしか、先生にはわからない。

子どもが心を開く

　「子どもが心を開く」のは、大人に対して安心している時である。それは、きちんと守られていることを実感している時でもある。ところが、これがおかしい場合がある。
例えば、子どもを守るということを、子どもを管理すると、勘違いしている大人がいる。管理は心を開かせるどころか、子どもの心を窒息させてしまう。自分でしようとする意欲を萎えさせてしまう。

　また、管理よりもっと始末がわるいのが、子どもを支配する大人だ。自分より弱い子どもを支配して、自分の思い通りにしようとする大人は、子どもが服従することを求める。立場の弱い子どもは従うしかない。しかし、そうやって抑圧された子どもは、必ず、反発するようになる。その反発は、まっすぐな自己主張でなく、暗くよどんで、恨みや憎しみという感情によって色づけされているから、多くの大人の手に負えない。

　まっすぐに子どもを守ることのできる大人は、子どもに必ず、選ぶ自由を与える。厳しくはあっても、すべてを管理したり、支配したりすることはない。子どもは、与えられた自由の分だけ、心を開くのだ。もし、私たちに対して、子どもが心を開いていなかったら、保育や教育は、全く力を発揮することができないだろう。絵に描いた餅のごとく、目標は単に、きれいごとになってしまうだろう。子どもが心を開いてくれることが、なにより私

たちの最初の仕事の大きな一歩なのだ。

ドキドキする

　心を開いた子どもに見つめられた時に、ドキドキしたことはないだろうか。どこまでもまじりっけのない眼は、安心を求めて無防備に訴えかけてくる。「ここにおいで」と、側に寄せると、溶け込んでしまうような一体感が感じられる。

　子どもは、何でも思い通りにならない不自由さと、限られた楽しみの中で、夢中になって生きている。じーっとしていられない好奇心は、時に暴走する。その度にSTOPをかけられるのは、不満な気持ちも残るだろう。遠慮そうに少しばかり反発しながら、何とか気持ちを収めて、子どもは、次へ次へ、前へ前へと健気にたくましく生きていこうとする。

　新しいことに対する興味や好奇心がなければ、子どもの毎日は絶望的かもしれない。かわいがられ、愛されることは嬉しいことだが、それだけでは、やはり息苦しくなって、わかっていてもそこから逃げ出したくなってしまう。時には、愛してくれる人たちを傷つけても、自分らしく生きていこうとする道を選ばなければならないことも起こる。

　「ここにおいで」と引き寄せた一人の子どものこれからを想像する。そのイメージが、豊かにふくらむほどに、子どものすごさを実感する。小さな子どもに秘められた、圧倒的な力を感じる。そんなとき、私は本当に、「子どもってすごいなぁ」と思える。それが、「子どもを尊敬する」ことになるのかどうかはわからない。でも、「すごいなぁ」と、心底思えるのは事実だ。

心を通わせる

　「子どもを尊敬する」というのは、やはり、簡単なことではないと思う。毎日の保育の中で、そんなことを考えている余裕などない先生もいるだろう。朝から夕方まで、子どものお世話をし、朝来た時と同じように親にお返しする。それだけでも精一杯の仕事だ。でも、本当にそれだけならば、だれにでもできる簡単な仕事と思う。そして、誰にでもできると思うのは、悲しいことだ。

　「私の保育」をしてみたい。誰もが思っている。私だけの保育をして、先生としての誇りを持ちたいと願っている。みんな、子どもをモノ（物）のように扱って、先生として自

分が汚れていくことなど、望んでいないと思う。

　「心を通わせる」そんな保育をしたいものだ。子どもたちは、心を開く大人を求めている。子どもは、きびしくても、きちんと導いてくれる大人を信頼する。好きになる。そうであるならば、同じように、私たちも子どもに対して、素直に心を開けばいいではないか。

　人は、自分の心をそう簡単には開いて見せないものだ。本当に、「この人ならば」という、強い気持ちを相手に感じたときにだけ、心を開く。子どもと、心底ふれあいたいと願うならば、私たちも、子どもに対して心を開くしかない。

　子どもは、「守ってもらいたい」と、信頼を見極めた先生にだけ心を開く。私たちは、「子どもを尊敬する」と、つつしみを持って、子どもに心を開く。そこで初めて、子どもや大人という区別でない、魂と魂のふれあいが経験できる。

　「子どもを尊敬する」というのは、そうしなければならないと思っている間は、とてもそれどころではなくて、届かない世界である。

　先生の心がどんどんきれいになって、どの子どもにも開かれるようになった時、結果として、そうなっているということなんだと思う。

第2部
新しい保育

第1章
子どもを好きにさせる？

「子どもが言うことを聞かない」というのは、
　　子育ての途中で誰もが経験する。
　　　　躾だからと叱って、注意して、これでもかと聞かせ続けると結果として
「うたれ強い子ども」ができあがる、厄介なことだ。
　　　子どもにも気持ちがある。
　　　　　言うことを聞かない時があってもあたりまえだと思う。
　　大人にちょっとした「思い込み」があるようだ。

好きにさせるな

　「子どもを自由にさせるのはどうかと思います」と、口をとがらせて一人の先生が言った。「自由あそびの研修会」のグループ討議でのことだ。
「子どもは好きにあそんで楽しいでしょうが、あまり意味がないと思います。そのあと、片づけもしないで放ったままだし、好きにさせると、先生の話を聞く時もだらしないです。好きにしている子どもたちは、まとまって何かをする時にダラダラして、できません。何でも自分の思い通りになると思って、先生の言うことを聞きません。ルールを守らないので困ります。」
　と、なかなか厳しい。しかし、実際の保育の現場ではよくあることで、子どもが言うことを聞かず、困ったことのある先生は、思わずうなずいてしまう。最後に、「躾も大切だと思います」のきっぱりとしたひと言で、結論が出てしまった。
「子どもを好きにさせるから言うことを聞かなくなる。世の中が甘いから、子どもが勝手なことをして事件を起こす。もっと厳しく躾をする必要がある」と、年輩の園長たちは、

最近の若者事情を新聞で読んで憤る。

近頃、こんな話をあちこちで聞く。本当だろうか？

私は、心が自由に開放されてのびのびできていれば、素直になって、人の話もきちんと聞けるようになると思うのだが、これではお気楽すぎるだろうか。

整理すると

楽天的すぎるかもしれないが、先ほどの厳しい先生の話を私なりに整理して、ちょっと解説すると、次のようになる。

「好きにあそんで片づけをしない」というのは、感覚のバランスがこわれているということ。子どもの本来持っているはずの感性が、眠ったままになっている。

「まとまって何かする時、ダラダラして集団生活ができない」というのは、人から学ぶ、人と共感するという、喜びの経験が乏しいということ。

「自分の思い通りにして、先生の言うことを聞かない」のは、先生を信頼していないということ。親を含めて、大人との関係性が歪んでいることが想像できる。

こうやって一つひとつを確かめていくと、「子どもを好きにさせると、言うことを聞か

ない」というのは、ちょっと的はずれのような気がする。他に原因や理由がありそうだ。

　とりあえず、まとめて得体の知れないことは、「子どもを好きにさせると言うことを聞かなくなる」ということにしておけば、何となくわかって、何となく収まりそうだということになるのだろう。しかし、その結果出てくる「だから厳しく躾をしないと」という結論は、明らかに間違い。原因や理由が別にあるのだから、ここでの躾は全く間違った指導になる。

躾は必要

　この躾からは、教え込みの保育ができあがる。型にはまった、「建前の保育」が生まれてくる。毎日の保育現場の建前は、「やらせ」として、かつて小学校、中学校の学級崩壊の一番大きな原因でもあった。それはきちんと総括されている。「やらせ」の世界に逆戻りすることはゆるされない。

　それでは躾は必要ないかというと、そういうことではない。子どもが日常生活習慣を身につける延長線上にあるという意味で、躾はとても大切だ。要するに、「子どもが言うことを聞かない」から「躾」をするのではないということ。それとこれとは全く別問題ということだ。

　躾は、「本人が一人で生きていくのに困らないように」という意味で、必要不可欠のも

のだ。自立しようとする意欲的な子どもは躾を嫌がるものではない。むしろ、それを積極的に受け入れようとする。「教えてくれてありがとう」ぐらいに素直にまっすぐに受け入れるものだ。

「片づける」の正体は？

　先程整理したことを、さらに一つひとつ解説してみよう。

　まず、「片づける」というのは、教えるのがむつかしいとよく言われるが、私はむしろ、子どもの本性にピッタリとあっていると思う。

　ちょっと保育室を見てみよう。子どものあそびは、ほとんどこの「片づける」という要素を含んで成り立っている。「片づける」という言葉がわかりにくいのであれば、「もとにもどす」というのはどうだろう。部屋の中のパズルも、ままごとあそびも、お庭でのグループの鬼ごっこも、すべて「もとにもどす」ことが、あそびの中に含まれている。むしろ、この部分が抜け落ちると、あそびが成り立たないくらいだ。

　「片づける」というのは、「もとにもどす」ということと同じこと。ということは、これはあそびの最後にしなければならない子どもの義務ではないということだ。先生が、「片づけをしなければならない」と、子どもの義務や果たすべき責任のように思っているから、子どもの感性とあわなくなって、子どもは逃げようとする。しなくなってしまう。

　そうではなく、「もとにもどす」という風に考えてみよう。そうすると、片づけることがあそびの一部になってくる。子どもは、そうしなければあそびが終わらない。気持ち悪い。こうなると、子どもは喜んで片づけをする。全く自然に、言われなくても最後には全部もとにもどしてくれる。先生は、「片づけなさい」と言わなくていい。言う必要がない。子どもに任せておけば、全部もと通りになっている。なぜなら、これが子どもの本性だからだ。

　子どもの持つ本性は、もとにもどることを強く望んで、子どもをその通りに動かす。

　豊かな保育環境を準備する時に、この視点は非常に重要になってくる。たくさんの教具を子どもたちが自分で選べるように準備すると、どうしても、「片づける」ということが問題になる。子どもが片づけることができないと、教具は散乱して、先生はその管理に追われて大変な苦労となる。挙句、「片づけをしないから」ということで、一つ、また一つ、子どものあそびたい教具は手の届かない高い棚に隠されてしまう。先生だって、こんなイ

ジワルはしたくない。しかし、実際お部屋の管理が上手くいかないと、どうしても、こんな心が痛む手段しかとれなくなってしまう。

　発想を変えよう。「片づける」を、「もとにもどす」と、視点を変えるだけで、いろいろなことが見えてくる。

「ダラダラ」の正体は？

　「まとまって何かする時にダラダラして、集団生活ができない」子どもは明らかに経験不足。これは、まとめて躾の訓練をしても、鵜飼の鵜と鵜匠のような、子どもと先生の直線的な関係ができるだけで、子どもどうしが横につながりあえるような関係性が育たない。子どもはあそびの中で学びあう。模倣を通して学習するのが、子どもの持っている能力だ。その関係性がなければ、子どもは学びあえず集団の中で孤立する。

　豊かなあそびの環境の中で、たっぷり、自由にあそべばいい。それが異年齢集団であればもっといい。ダイナミックなあそびや、細かい緻密なあそびの経験は、子どもどうしの自然なつながりあいを生み出す。「ひとりではつまらん。ともだちはええなぁ」「またあしたあそぼな！」と、言葉にできるようなぶつかりあいの経験があれば言うことなし。

　そんな経験を持った子どもたちが集まって、ダラダラするわけがない。「何かはじめる時、ダラダラして集団生活ができない」のは、集団に入るまでの、基本的な子ども体験の乏しさと、横につながりあえる関係性が育っていないことが原因と言える。それは、あそびの環境が貧弱であることと、先生が一人ひとりの子どものあそびの経験を豊かにするような工夫が足りないことが考えられる。

「言うことを聞かない」の正体は？

　「子どもを自由にさせると、自分の思い通りにして、先生の言うことを聞かなくなる。」
　この正体の説明は簡単だ。先生が子どもに追いついていないということ。
　ちょっと考えてみよう。自分の思い通りにする子ども、したがる子どもは、すぐに壁にぶつかる。それをかわそうとして、また横道に迷い込む。それでまた行き止まる。これをくり返しているはずだ。先生の言うことを聞かないのではなく、苦しんでジタバタしているだけだ。これは、子ども理解をきちんとやればすぐに見えてくる。

先生が、子どもの心から離れたところにいて、クラスを自分の思い通りにして、子どもにお利口にすることばかりを求めるから、子どもは、先生を信頼せず、自分勝手にウロウロして、道に迷ってはみ出してしまう。

　好き勝手にしている子どもの心は、ザワザワして助けを求めている。これが見えれば、感じることができれば、どうすればいいか、どうしてあげたらいいかは、すぐにわかってくる。先生の言うことを聞かない子どもを突き放し、あきらめているようでは、一歩も前に進めない。

好きにさせよう

　ここまで、いくつかのポイントを整理してきた。もう一度、最初にもどるが、「子どもを好きにさせるから言うことを聞かなくなる。だからもっときちんと躾をしなければならない」というのは、やはり、私は納得できない。もっといろいろと、複雑なことがからんでいると思う。これでは単純すぎる。

　私はむしろ、「子どもを好きにさせないから、言うことを聞かなくなる」と思っている。自由でのびのびしている子どもが、人を押しのけて好き勝手はしない。先生の話を聞かないで、自分のしたいようにすることもない。

　大人は、子どもが自分で選べるように自由を与えているだろうか？　子どもが失敗した時、ちゃんと守ってやっているだろうか？　子どもにも気持ちがある。あいさつや、仲良くすることを教え込んでいないだろうか？　ゴメンナサイを言わせることを強制していないだろうか？

　これらの「だろうか？」に、はっきりとイエスと言えず、中途半端にしたまま、子どもを自由にさせても、それは本当の自由ではない。子どもにもそれくらいのことはよくわかっている。だから、本当の自由を求めて、「言うことを聞かなくなる」のだ。

　子どもを自由にさせてうまくいかないのは、保育環境と先生に問題がある。子どものせいではない。のびのびと自由にできることは、絶対に素晴らしいことだ。文句はない。私もそうありたいと思っている。みんなそうだろう。そして、それがあたりまえなのだ。実際の保育の現場で、うまくいかないことが起きた時にも、このあたりまえのことを忘れてはならない。起きた問題の原因は別にある。まっすぐに、寄り道しないで物事を考えてみよう。必ず、まっすぐの答えがその次に用意されている。

第2章
ふざける子ども

人を馬鹿にしたように、ふざける子どもは許せない。
誰とでも仲良くしなさいとは言わないが、
相手をからかい、相手が嫌がるようなおふざけはもう暴力だ。
人の心を攻撃して、傷つけている。
しかし、ふざける子どもも実は苦しくて困っている。
心の中はザラザラとして、豊かなふれあいに飢えている。

ふざける子

「保育中にふざける子どもが多くて困ります」と嘆く先生が増えている。

① 先生が話している時に、茶化したような相づちを入れる。
② 突然立ち上がって声を出すのでみんながびっくりする。
③ ちょっとした言い間違いや勘違いをハヤシ立てる。
④ 自分の知っていることだけを、一方的に大声で言い続ける。
⑤ 一人ではいられないので、となりの子にしつこくからんでトラブルを起こす。

クラスの中にこんな子がいると、先生はとてもやりにくい。叱るのは簡単だけれど、あまり効果があるとは思えない。なぜなら、またすぐに繰り返すから。もっと強く叱ると、ショボンとして、萎縮して小さくなってしまう。これはこれで、先生は気になる。こんな子どもはどうにもまわりの子どもたちとかみあわない。集団の中の一人としてどう振る舞うべきかわからず、全体のリズムを壊してしまう。

「きちんと受け止めてもらってないんですよ。言い分を聞いてやればわかるようになります」と、先輩や園長からアドバイスされる。「それでは…」と、丁寧につきあって、聞こうとすると、今度は止まらなくなる。お調子に乗ってしまう。こうなると、先生には「ど

こまでつきあったらいいのか」という悩みがつきまとう。実際、許されるからといって、調子にのって自分をぶつけてくる子どもは始末が悪い。どこまでも止まらない。大抵は先生の方が根負けする。

学校でも

　小学校の授業参観に行くと、同じような子どもがいるのに気づく。それもけっこう多い。
　先生の質問に手を挙げて答えるのはいいのだが、「は〜い」という、何やら間延びした声に緊張感がない。その子どもたちを見ると、ニヤニヤとした笑いを浮かべて、やはり、真剣味に欠ける。「答えが簡単でわかっているからだろうか？」とも思うのだが、わかっていても真面目に「はい」と手を挙げている子たちもいるから、やはりそれだけではないようだ。他の子どもが答えている時にハヤし立てる。間違いをワイワイとからかう。手を挙げて立ち上がり、答えようとする子どもよりも先に、座ったまま勝手に答えを大声で言ってしまう。そしてニヤニヤしている。
　自分の子どもがそんなことをしていたら、先生には申し訳ないが、後ろから走っていって、パコンとやってしまいそうだ。一方で、参観に来ている親はというと、適当に数人が

廊下などに集まってしゃべっている。
　「世間話をするんなら、授業参観に来るな！」と、親の方にも言いたくなる。授業参観に行くと、あっちにも、こっちにも、どうにも気持ちが収まらなくて困ってしまう。

これ知ってる！
　なぜ、こんな変に世馴れた汚れた大人みたいな子どもが増えているんだろう。そんなことを考えていて、この間、あることに気がついた。
　その日は、先生たちがペープサートをやろうというので、暗幕を持ち出し、人形をこしらえて準備をしていた。子どもたちが集まってきて、暗幕の前に座り、みんな、はじまるのをうれしそうに、ドキドキしながら待っている。その時、一人の（いつも先生を困らせている子なのだが）男の子が、後ろから勝手に立ち上がって、トコトコと前に来ると、幕の後ろをのぞいて、
　「あっ、ネコがある。イヌもある。イヌがでるんや！」と、大声で言いはじめた。
　「だめだめ、ここは見ないのよ。前に座って…」と、先生が止めるのだが、なかなか制止を聞かず、
　「しってる、これしってる。『おおきなかぶ』や」と、みんなに教える。
　「だめだよ、みんな楽しみにしているのに教えたら…」と、先生は困った顔でたしなめる。その子は、
　「なんでよ〜。こんなんしってるわ」と、ニヤニヤして、得意そうに走りまわる。何とかその子を座らせて、ペープサートは始まったのだが、先生たちは、ちょっとガッカリしている。幕の後ろからパッと人形が出た時、待っている子どもたちが、嬉しそうに笑ったり、びっくりしたりする顔に出会うのが、先生には楽しみなものだ。子どもたちがよろこぶのを見ていると、ペープサートにも力が入る。その最初の、「喜びの瞬間」を期待していたのに、一人の男の子が、あっさりと、「答えを言ってしまった」のだ。これでは、ガッカリも過ぎて、腹が立ってくる。
　「せっかく、子どもたちのために準備していたのに…。」

ショボリ

　それでもペープサートはとにかく始まった。

　私は、子どもたちの表情を見ながら、はずまない先生の声を聞いていた。しかし子どもたちは、ペープサートが進むにつれて、グイグイと身を乗り出すようにして、集中して見ている。その気配に引っ張られるようにして、先生たちも気を取り直して、ペープサートはどんどん盛り上がる。そして最後の場面では、先生たちの期待通りに終わった。子どもたちは、最初のハプニングはそれほど気にしていなかったようだ。

　それで、あの男の子はどうなっただろう。みんながまだ知らない間に、先に勝手に答えを見つけてしまったその子は、ペープサートの間は、とにかく座ってはいたけれども、何やらソワソワしていた。となりの子をからかうのだが、となりの子はペープサートに夢中で相手をしてくれない。仕方なく、ショボリと最後までそこに座っていた。

何を得したの？

　私は、この子がみんなが知らない間に答えを見つけて、それにどんな意味があったのだろうと考える。

何か得なことがあったろうか？
　いつも以上にペープサートを楽しめただろうか？　しかし、どう考えても、「ルール違反をして、チョコッと先に見てしまう」ことに意味があるとは思えなかった。それよりも、この子の様子を見ていると、「先に見てしまった」ことにより、余計に何かソワソワと落ち着かず、ペープサートにも集中できていない気がした。
　この子には、「チョコッと先に見る」というルール違反をしてしまう、何か理由があるのだろう。先生が制止するのはわかっていると思う。でもそうしてしまうのには、事情があるだろう。しかも、決してそのことが得になっていない。他の子どもたちも、それを認めてはいない。むしろ、多くの子どもたちは、先生の困った様子を見ながら、その子には厳しい視線を送っている。

すごく損している

　その子は、他の子どもより「ちょっと得する」ことを選ぶことで、「すごく損をしている」と、私は思う。暗幕の後ろから何が出てくるのか、ワクワクして子どもたちは待っている。ドキドキして期待している。この気持ちが大切だ。このワクワクドキドキが、子どもの喜びにつながり、生きている充実感になる。好奇心を刺激する。想像力、考える力を養う。
　なのに、この子の場合は、「チョコッと見てしまう」ことで、あっという間にそれらがしぼんで、消えてしまった。結果として、この子どもの心の中で、本当に大切な経験ができないで終わってしまった。
　こう考えると、おそらく「チョコッとズルして見てしまう子」は、心の中のワクワクドキドキする豊かさにつながるような経験不足があるのではないかと思われる。しかもこれは悪循環して、ますます経験不足の深みにはまっていく。
　はじめに、クラスの中で先生にとってやりにくい子や、小学校の授業中の真剣味に乏しい子のことを挙げたが、いずれも、ワクワクドキドキの経験が乏しいのではないかと考えられる。だから、
① 風船がいっぱいにふくらむような、気持ちの盛り上がりまで待てない。
② ルールを守ることで、もっとワクワクできるのに、話を聞かない。
③ わかっていても口に出さないことで、ドキドキを友だちと共有できるのに、ポロッとしゃべってはみ出していく。

先生が困っているこの子たちを、もっと厳しく叱って、注意を与えても、その場だけシュンとして、なかなか続かないことがあるならば、経験不足という面から見直してみればどうだろう。何か違う接し方、指導の仕方が見つかるかもしれない。

第3章
鬼子母神ってご存知ですか

「プツンと切れる」という言い方をよく聞く。
イメージとしてはわかりやすいが、
心の中で何が起きているのかを説明するのはむつかしい。
「鬼子母神」というのは、本当によくできた話だと思う。
複雑な心の多様性がわかりやすい物語となっていて、共感できる。
自分自身の「鬼」と「神」を探してみるのもおもしろい。

鬼子母神

いきなりだが、鬼子母神というのをご存知だろうか？

主人公は王舎城の夜叉神の娘。千人（万人とも五百人ともいわれる）の子を産んだ後、他人の子どもをさらってきては食らっていたという。恐ろしい鬼のような母親だった。仏が何とか改心させようと、一番かわいがっていた末っ子をこの母親から引き離し、隠してしまって戒めた。最愛の子を失った悲しみがどれほどのものか、ようやく気がついたこの母親はやがて、仏法の護法神となって、安産、育児などの祈願を叶える。まさしく、子どもの守り神になったというおはなしだ（参考・広辞苑）。

子どもを食らう恐ろしい鬼と、子どもの守り神が同居しているというのはおもしろい。一人の母親の中に、ひょっとしたら、この相反する二面性は存在しているのかもしれないと考えると、いくつか思いあたることがあった。

プツンと切れる

「子どもを叱り始めると、だんだんと止まらなくなって、とうとうプツンと切れるところがあって、そこからは延々と怒り続けてしまうんです」と、ちょっと赤い顔をして訴える母親の話を、何度か聞いたことがある。

プツンと切れる瞬間というのは、微妙な言いまわしだ。その瞬間を上手く説明できなくても、その瞬間を経験したことのある母親は多いと思う。状況を想像すると…。

子どもがいけないことをした時に、丁寧に教える。叱らないできちんと導こうと努力する。それでも子どもがなかなか素直にならない時がある。親が言えば言うほど、余計に態度がふてぶてしくもなってくる。

「これほど言ってもどうしてわからないの」という強い気持ちが湧き上がってくる。それを押さえながら、それでも粘り強く、子どもに言って聞かせる。しかしまだ、子どもの心に届かないもどかしさを感じる。たたみかける言葉のスピードが早くなる。そして最後には、たいてい、子どもの投げやりなひと言で最後の境界線を越えてしまう。

「うるさいなー」、「わかっとる」、「またかー」「くそばばあ」。親の心をザラリと逆なでするような子どものひと言で、それまで我慢していた忍耐がプツンと切れる。そこからは、みなさんが経験された通りの世界に入っていく。

母親の心の象徴

　最初の、恐ろしい鬼と、子どもを守る神の二面性に照らして考えると、子どもの話を聞き、忍耐強く子どもを教え導いているのは、守り神の領域だろう。そしてプツンと切れて、一方的に容赦なく子どもをやり込めるのは、鬼の領域ということになる。

　もし、一人の母親の中に、この二面性が同居しているとするならば、毎日のように、どこかで、鬼と守り神が出たり入ったりしていることになる。何百人、何千人といる母親のことを考えると、鬼も守り神も出たり入ったりと、これはかなり忙しい。まさしく千人（万人とも五百人ともいわれる）の子を産んだという、たくましい夜叉神の娘の話を思い出す。そして、彼女がすべての母親の心の中にひそんでいる、相反する二面性の象徴のような存在という気がしてくる。

絶対にありえない

　もう少し、現実に照らして考えてみると、我々の職場でも同じようなことが感じられることがある。

　行事の前の職員会議での打ち合わせのときのことだ。

　A先生は、アイデア豊富で会議ではいつも率先して発言する先生だ。細かいところまでしっかりイメージできているので、非常に具体的に話してくれる。他の先生たちも納得して、安心してついていける。

　ところが、人が集まって、何かをする時は、計画通りに行かないことが起きてくるものだ。例えば、段取りをする時も、最初に役割分担を決めて動き始めるのだが、人によって、仕事のすすみ具合が違う。コツコツとする人もいれば、一気に仕上げる人もいる。なので、計画が若干変わることがある。A先生は、この変更を許さない。

　途中経過で若干の狂いが生じた時、A先生はまず、計画通りでないことの原因を細かいところまで厳しく追求する。最初の打ち合わせで決められた事に対する記憶力も抜群だ。そしてきちんとこなしてこなかった人の不誠実を、あからさまになじる。言い訳も容赦なく否定する。とにもかくにも、進行途中での状況の変化を受け入れず、最初の計画通りにすすめることを強く求める。こうなると他の先生たちも手に負えない。何を言っても、最初の原則論に戻ってしまう。

少しばかりの妥協を重ねて、ちょっと違った結果が出てもいいじゃないか。ということなど、A先生にすれば、とんでもないことになる。妥協など、絶対にありえないのだ。

鬼は許さない

このA先生のことを、鬼子母神の話で考えてみる。

自分の計画した、計算通りの世界にみんなが入っている時は、非常にものわかりよく、寛大で面倒見も良い。もともと仕事はよくできるので、他の先生を導くこともできる。みんな安心してA先生に任せている。まさしくこの時は、守り神のような存在である。ところが、計算された世界から出ようとする者がいると、すごい力で引き戻す。これが鬼の

あらわれる瞬間なのだろう。
　A先生の決めた世界から出るというのは、それぞれが自分のやり方をしようとした時でもある。コツコツとする人、一気に片づける人、それは自分らしい仕事の方法のことである。一つの仕事をするのに、それぞれにやり方がある。
　結果として、みんなが揃えばいいと思うのだが、A先生の中にあらわれた鬼はそれを許さない。鬼は、仕事の進め方にも指示を出す。鬼は、一人ひとりの自分らしいやり方というのは認めない。鬼の背中側にいるA先生の守り神は、ただひたすら、従う者しか守らないのだ。
　A先生の鬼は、他の先生に「自分の言う通りにすることをひたすら求める」。それに対する反発への攻撃は尋常ではない。先生たちも半ばあきれて、引っ込むしかない。

先生の中の鬼

　このA先生の二面性は、興味深い示唆を我々に与えてくれる。
　私たちが子どもを育てる時、学級運営をする時、先生と子どもの関係とは、どういうものを想定しているだろう。「一人ひとりの自立」ということはよく言われるが、そこにどんな子どものイメージがあるだろう。
　子どもの自立を援助するとしながら、子どもが思い通りに言うことを聞かないと、先生は叱って、子どもをとにかくまとめようとする。自分のクラスの枠にとじこめようとする。
　「本当に自立した子どもが、先生の言うことを簡単に何でも聞くはずがない」とも思うのだが、学級運営の邪魔になる子を先生は嫌う。一人ひとりの子どもの自立と、クラス運営は別なのだろうか。それもおかしなことで、別であっていいはずがない。「わがまま・自分勝手」と、「自立」の見極めがむつかしいのはわかる。何でも子どもの言うことを聞くことが良いとも思わない。
　しかし、私は今までに、一人ひとりの子どもがきちんと認められて、自主性を思い切り発揮して、自分たちがクラスを構成していると自覚を持っている自立した集団をあまり見たことがない。
　多くの学級が、
①先生が決めた枠の中に子どもたちがいる間は、どんなお世話の労も厭わない、守り神のような先生のいるクラス

②先生の決めた枠からはみ出ようとする子どもたちを、抑圧し、厳しく管理する、鬼のような先生のいるクラス

このどちらかなのは、残念なことだ。

　これはちょっと極端かも知れないが、多くの母親の中にあらわれる鬼と守り神のごとく、何百回とは言わないが、ひょっとして、先生にも、クラスの子どもを前にして、1回や2回は鬼があらわれる瞬間を経験している人がいるかもしれない。

子ども理解

　自分の中の守り神を常に呼び出していられることも、いつも鬼を封じ込めることも、不可能に近い。自分の心の中の問題であるにもかかわらず、自分で思い通りにならないのが心というものかもしれない。

　心は、人とのかかわりの中で、右や左に動きまわる。相手によって、自分の中の違う部分が引き出されていく。それは、相手が十分理解できていないことの証でもある。相手が理解できていれば、心は自分の予期せぬ方向に動くことはない。常に真ん中を意識できて、自分の中でバランスが取れる。同じように保育の現場では、子どもが真に理解できれば、子どもによって先生の鬼と守り神が出たり入ったりすることはない。

　子どもの、自分で生きようとする芽を大切に育てる守り神と、わがまま勝手を厳しく許さない鬼は、一人の先生の心の中で、バランスよく同居することができる。むしろ、その守り神と鬼を、上手に使えることで、より大きな仕事ができるものである。となると、まずは、子ども理解である。そして丁寧な子どもの理解こそが、先生の意味のある仕事を成就させるための第一歩なのだと思う。

第4章
『さわやかさ』の秘密

　　この章を書いた時。読み返した時。手直しした時。
　　　いつもその度に私は涙ぐんでしまう。
　　自分で書いておきながら変なのだが、ペンの先がかすんでしまう。
　　　　苦しんでいる子どもを見るのは辛い。
　　　子どもを苦しめる大人は許せない。
　　しかし、この話の中に出てくるまさこ先生の「さわやかさ」には若干嫉妬している。

本音

　春は出会いと別れの季節。3月には、たくさんの子どもたちが園を巣立って行った。卒園式というのは、なかなか感動的なものだが、クラスによって趣は異なる。おそらく、先生の色あいが、子どもたちやその親に反映されるからだろう。

　よくも悪くも、普段の保育ではあらわれない本音が、こういった儀式の時になると顔を出す。親が、園や先生の言うことを、あっさりと受け入れてくれることもあれば、ここぞとばかりにわがままを言って、引っ込まない親もある。日ごろの信頼のあり方がここで試される。

　われわれの仕事は、毎日、毎週、毎月、一定の成果を出さねばならないというものではない。よって、ついその日が過ぎれば、という甘えが出ることもある。そして、そのちょっとしたゆるみの積み重ねが、節目の行事や、儀式にあらわれて、予想もしなかった親の出方におどろいたり、ガッカリさせられたりする。先生によっては、

「3年間も子どもをかわいがって、面倒を見てきたのに、最後にこんなことになるなんて…、こんなことを言われるなんて…」と、嘆くが、それは勘違いだ。

　嘆きの原因は、あなたが親の気持ち、子どもの気持ちに十分に配慮できないで、自分勝

手、自己満足で仕事をしてきた結果なのだ。とまぁ、厳しいけれど、そういうことになる。

卒園式

　一昨年のことである（なぜ、昨年ではないかということは最後にわかる）。
　年長組が３クラスが卒園した。卒園の日、２つのクラスの先生は、朝から涙顔で、子どもも緊張気味。式の間中、先生たちはハンカチを手離せず、子どもたちも先生の気持ちがわかるのだろう、数人の子どもは涙を手でぬぐったりしている。親は、夫婦できちんと、気持ちを込めて、最後の式に来られている。母親は着物の人も多く、それだけでも、心がこもっていることがわかる。
　式のあとの謝恩会も、先生に対する感謝のひと言ひと言に、精一杯の真心があって、聞いている私たちにも、胸に迫るものがある。先生と子ども、そして親が一体となって、有意義な日々をすごしてきたという、充実感があらためて感じられる、素晴らしいひと時だった。
　その中で、一つだけ、様子が違っていたクラスがあった。涙は見られない。くり返しの感謝の言葉もない。しかし、大切なかかわりをしてきたことは同じようによくわかった。

担任の先生はにこやかだった。親も子も、とてもさわやかで、いきいきしていた。
先生は、子どもを前にして、顔を上げ、声を高らかに、最後にこう言った。
「きみたち、学校を楽しみなさい。それじゃ、さようなら。」
あっさりとした先生である。子どもたちは、引き締まった顔に、キラキラとした眼で、先生の最後の言葉を受け止めていた。その後ろで親は、涙というよりは、ほのぼのと大らかなゆったりとした表情で、安心して先生と子どもを見守っていた。

微妙な違い

卒園式も、先生によって、こうも雰囲気が違うものかと、私は感じていた。そして、ふと思ったのだが、こんなにも雰囲気が違うということは、子どもの育て方も違っていたはずだ。大きな園の方針は同じでも、各クラスの子育ては、先生によって微妙に異なる。先生という仕事は、職人芸のようなものだ。マニュアルはある。教本はある。が、それを扱う生身の人間によって、結果は見事に違ってくる。人が人を育てるというのはそういうことだ。

卒園式で異なる別れを見て、どのような毎日の保育がそこにあったのか、それをどうしても知りたくなった。卒園式が終わり、園の門を出てからも、手を離すことができず、お互い涙で別れを惜しむ先生と子ども、そして親の関係は、おおよそ想像がつく。みんな、幸福な時を一緒に過ごしてきたのだろう。そこには、感謝と名残惜しさが見てとれる。

私が知りたかったのは、おおらかで、あっさりとした別れ方のほうだ。キラキラとした、自信に溢れた子どもたちの顔を見ると、これまでの保育は充実していたのだろう。しかし、先生と子どもにどんな関係が育ったのかを、もっと詳しく知りたいと思った。

でもこれ以上は無理だった。何せ、今日は別れの日。もう、この先生と子どもたちのクラスは終わりなのだ。もう戻ることはできない。私はちょっと残念だった。
「もっとしっかりと、この先生のクラスを見ておけばよかった…。」
ところが、クラスは終わったのだが、話はこれでは終わらなかった。そして、私は思いがけず、知りたかったことに答えをいただくことになる。それは昨年の４月、新学期が始まって、間もなくのことである。

できる教師

　卒園生のひろしは、私の知りたかったクラスの子だった。彼は、物事をきちんと考えることができる。体力もあり、クラスの他の子どもを引っ張っていくこともできる。思いやりや優しさも兼ね備えているので、先生の信頼も厚かった。そのひろしが、何と、小学校に入学して、いきなりつまづいた。

　彼の学校のクラスの先生は、長く高学年を担当していた。６年生は、次は中学生になるわけだから、校則を守らせる生活管理も、自然に厳しくなる。この先生は、しっかりと子どもたちへの躾をしていたので、クラスはおとなしく、学級運営では、他の教師にも一目置かれていた。

　その先生が、久しぶりに１年生の担任になった。親の中には、それを聞いて喜ぶ人が多かった。子どもの勉強だけでなく、生活管理まできちんと面倒を見てもらえたら、親はすごく助かる。

　「あの先生でよかった」と、校門の外では、もっぱらの噂だったらしい。

　ところが、ひろしはこの先生とあわなかったのである。先生は、長年の経験上、「子どもとはこういうものだ」と、自信を持って接していた。しかし、それはどちらかというと、「先生の言うことを聞きなさい。学校のルールは守りなさい」という、強い指導スタイルを伴っていた。教えることに自信のある先生は子どもに対して「できてあたりまえ」という意識が強い。そして、できない子どもは指導の対象となる。

ある日

　この責任感溢れる、自信たっぷりの先生と、ひろしはぶつかった。ひろしはできない子どもではなかった。むしろ、何でもよくできた。その点においては、この先生の指導の対象ではなかった。ところが別の意味で、彼はこの先生に受け入れられなかったのである。

　ある日の授業中、ひろしは先生にこう言った。
「先生、昨日言ったことと違うじゃないか。」

　その時、この先生は、「あっ」と思った。もちろん、先生にも間違えることはある。勘違いもある。だから、どうってことはなく、訂正して次にすすめばよかった。しかし、この先生は、１年生の、まだヒヨヒヨしている子どもに言われたことにムキになった。そこで、

「生意気言うんじゃありません。先生の言う通りにしなさい」と、突き放してしまった。通常は、この先生の剣幕に、子どもは小さくなって引っ込むものだ。だがひろしは、そんなことでは引っ込まなかった。

「おかしいことは、おかしい。先生いばるな！」と、食ってかかる。ますます真顔になって先生は、この生意気な子どもを抑えにかかる。長く高学年の子どもの管理に腕をふるっていた先生である。こんな１年坊主なんて、どうってことないはずだった。ところがひろしは、普通の１年生ではなかったようだ。その日以来、ことごとく先生とぶつかるようになってしまった。

家庭訪問

５月の家庭訪問では、母親はひどく先生に叱られた。

「どんな躾をされてるんですか。クラスの調和を乱すので困っています。わがままが過ぎます。家庭の躾がいい加減だから、こんな子どもになるんです」

母親は、ただ頭を下げて、謝るしかなかった。こんな風に自分の子どもが言われたのは初めてだった。保育園に３年通わせたけれど、ほめられることはあっても、叱られることはなかった。うちの子は本当にこんなにひどい子どもなんだろうか？　みんなの迷惑になっているのだろうか？　母親はショックで、息子が学校から帰るのを、とにかく待つしかなかった。

学校から帰った時、矢継ぎ早に質問してくる母親に、ひろしは何も答えなかった。母親は、問い詰めながら、答えないのにやがて腹が立ち、そして情けなくて、涙声になってしまった。それでもひろしは、「ごめんなさい」とは言わなかった。

ひろしの学校生活は荒れた。字が乱れて汚くなった。几帳面な子どもだったのが、ひどく雑になり、片づけもしなくなった。言葉が激しく、いつも攻撃するような口調でしか話ができなくなった。忘れ物も多く、連絡ノートは書かない。そのことを学校で先生に注意されると、反発してますますだらしなくなる。この悪循環をくり返していた。ただ、学校を休むことはなかった。友だちはいっぱいいるし、勉強が嫌いというわけでもなかった。乱れた生活ではあったが、学校に行く日は続いていた。

信じろ

　私は9月頃、母親の相談を受けた。

「よくわかりました。今は手の打ちようがないと思います。学校の先生には、もうこれ以上、お願いできないでしょう。考え方が違います。生活が大きく崩れないように、健康だけは気をつけて、生活の管理を助けてやって下さい。今はいろいろな理由で、学校のクラスの担任の入れ替わりは早いです。2年生になって、担任が変われば、また違ってくるでしょう。彼が自分で決めてしていることですから、彼を信じてあげて下さい。じたばたしてはいけません。もちろん、先生が悪いわけでもありません。先生は自信を持ってやっていらっしゃる。先生のことは、家で絶対に批判してはいけません。もう一度言いますが、考え方が違うのです。『できてあたりまえ』と、失敗を指摘して指導する先生と『できなくてあたりまえ』と、丁寧に寄り添う先生との違いです。もうしばらく我慢してください。」

　母親は、息子を信じろと言われて、苦しかったようだ。わかっているが、現実では、荒れている息子のしていること、言っていることに迷う。しかし、それでも自分がかばってやらなければ、この子はますます荒れるかもしれないと、気持ちを切り替えるしかなかった。

ある夜

　残りの半年は早かった。そして再び、春。

　2年生になって、担任が変わった。今度は若い男性教師の受け持ちになった。そして5月の家庭訪問の時のことである。

「おたくのひろし君はいい子ですねぇ。上手に育ててらっしゃる。私、ぼんやりしてるもんで、忘れたことなんかがあると、すぐに彼が教えてくれます。それに優しいですね。友だちの信頼もあるので、本当に、クラス運営で助けてもらってます。あそびもよく知っているので、思いがけないアイデアで盛り上げてくれます。いや～、本当にいい子なので、お母さんも自慢でしょう。」

　若い先生の勢いなので、若干割り引いて聞くとしても、母親は、「はぁ～」と、何とも間の抜けた返事しかできなかった。午後、子どもが学校から帰って来た。家庭訪問で先生にほめられたことを話しても、息子は、あいかわらず、あまり学校のことを言いたがらな

い。まだ新学年が始まって1ヵ月に過ぎない。昨年度のことを考えると、息子も辛い気持ちがまだ残っているのだろうと察して、母親もそれ以上は続けなかった。

　学校生活はすっかり安定した。字の丁寧さも戻った。忘れ物もしなくなった。連絡ノートはきちんと親に見せるようになった。

　そんなある日の夜、いつものように、物語を読んでもらって、ベッドに入ったので、「電気消すよ」と母親が言うと、彼はポツリとこう言った。
「お母さん、ボクは保育園の時、まさこ先生にかわいがってもらったんやな。」
　一瞬、母親は何のことかわからず、その意味をつかみかねたが、息子の声の調子から、すぐに彼の言いたいことがわかった。
「そうだね。ひろしは、大事に大事にしてもらったんだと思うよ。」

その答え

　ひろしの母親は、そのことを、わざわざ私に伝えにきてくれた。
「先生、もう大丈夫だと思います。考えてみれば、去年は大変だったけど、ひろしはいい

経験をしたと思います。それにしても、まさこ先生に、くれぐれもよろしくお伝え下さい。あの子ながらに、先生に感謝していると思います。卒園して１年も経ってからですけどね。」
「わかりました。よく話してくれました。ちゃんと伝えておきます。」
と、私も丁寧に答えた。

　私は母親が帰ってから、一昨年の卒園式のことを思い出していた。あのさわやかさの意味をもっと知りたい。どんな保育をして、子どもとどんな関係ができたのか知りたい。と、当時思ったものだが、１年経って、思わぬところで、その答えをいただいた。

　一人の子どもが逆境にあった時、そこでいろいろな思いを経験した時に、「自分が本当に大切にされたこと」を思い出せる、心に残っている先生というのはすごいと思う。こんな風に、子どもに影響を与えることのできる先生が、子どもとの生活で築いてきた関係は、その後の子どもの人生の導き手ともなるくらい、強く、確実なものなのだろう。

　やっぱりそうだった。あの卒園式のさわやかさは、先生の本当の自信だったのだ。

第5章
軽々としたお世話

にぎやかで、子どもを「なめまわす」ような
お世話上手な先生が保護者には人気がある。
一方で口数が少なく、子どものジャマをしない先生は冷たいと言われる。
「それって何か変だよ」と言える感性が必要だ。
その違いが具体的にわかりやすく説明できれば、もっとうれしい…。

軽々としたお世話

「子どもにとって本当に大切なものに危険を伴なわないものはない」と、私はいつも言う。そのことから、大人は、子どもを育てる過程で、「わかっていても、してあげてはいけないこと」があることに気づく。

子どものお世話は本当にむつかしいもので、「このお世話は、子どもにとってどうだろう？」と考えさせられることがよくある。時には、「した方がいいのか、しないで見守った方がいいのか」判断に迷うことがあって、苦しくなってしまうこともある。

ところが最近、親や先生の間で、「子どものことがわからなくても、とにかく手を出し、口を出す」という軽々としたお世話をよく見かける。深く考えない軽々としたお世話は、「子どもの気持ちがわからなくても、してあげて」しまう。その結果、子どもから、本当に大切な経験をとりあげてしまうことがある。

「自分のことは自分でする」という、子どもが自立するための基本中の基本が、子育て中の親や先生の間で揺れている。

何か変？

　ある朝、5歳の子どもが忘れ物をした。
「昨日、何回もお話したのにどうしたの？」と先生が聞く。子どもは特に困った様子もなく、あっさりとこう言った。
「おかあさんがわすれた。」
　確かに、親が準備し忘れたのかもしれないが、こうも簡単に言われると、先生もスンナリと受け入れられないで、戸惑ってしまう。
　そうこうしている時に、玄関にその子の母親が、息を切らして飛び込んできた。手には忘れ物がしっかりと握られている。そして、
「すみません。私が忘れていたんです」と、ひどく恐縮して謝った。
「いいですよ。わざわざ…」と、先生は受け取りながら、「何か変？」と、心にひっかかったものが消えない。
　別の日、山へ遠足に出かけた時のことだ。お昼になって、みんな楽しいお弁当の時間。それぞれ賑やかに広げて、「さぁ食べよう」という時、一人の子どもが言った。「おはしがない！」
　子どもが喜ぶようにと、朝から張り切ってかわいいお弁当をお母さんは作ったのだろう。

「さぁこれでよし」と、仕上がったお弁当にお母さんも満足。で、ホッとして、お箸を入れ忘れるということはよくある。この日もおそらくそうだったのだろう。お母さんは、ステキな工夫されたお弁当にエネルギーを使い果たして、ホッとしてしまったのだろう。
　先生は、よくあることだから慌てない。
「いいよ、お箸貸してあげるから」と、やさしく声をかけた。
「……」しかし子どもは、うつむいたまま返事をしない。
「大丈夫だよ。スプーンだって持ってる子が貸してくれるから」と、さらに促す。
「いらない」と、子どもは怒った声で拒否する。
　それからは、先生が何をいっても受けつけない。頑として、お箸もスプーンも借りようとしない。怒った顔で、お母さんの作ってくれたお弁当をにらみつづけているだけだった。結局その日は、お弁当を食べないで、半日暗い顔で過ごしていた。
　園に戻って降園時、お迎えに来た母親に、子どもは、いきなり泣いて、たたいて、お箸がなかったことを訴えた。
「ごめんね、お母さんが悪かったのよ。ごめんね、つらい思いをさせて」と、母親はひたすら子どもに謝る。先生が事情を話すと、母親は再び子どもに謝る。そして子どもを抱き抱えて帰って行った。その姿を見て、先生は思った。
「やっぱり、何か変？」

なぜ流行る？

　先生が感じた「何か変？」というのは、先生としての、まっすぐな感性であって、全く変ではない。小さな子どものお世話は必要なことだ。いろいろと面倒を見てやらねば自分で生きていくことはできない。しかしお世話だけでは、子どもの成長が偏る。
　実際、忘れ物をした子どもは、親があわてて届ければ一件落着だったが、それでは自分のことを自分でしようとする力は残されたままだ。また、「おかあさんがわすれた」と涼しい顔をしていて、自分が、忘れたことに責任を感じるという自立心も育たない。お世話を軽々といっぱいすると、目に見える形で子どもを整えることはできるが、心を育てる（自立心）という中身は空っぽのままで、抜け落ちてしまっていることになる。
　「軽々としたお世話」は、「何か変？」という子どもを育ててしまう。
　「なぜ、軽々としたお世話が流行るのだろう」と考える。おそらく、子どもを育てる時、

お世話というのは、親にとっては、まだやりやすいのではないかと思う。具体的な方法のマニュアル本も出ているので、情報も集めやすい。とりあえずマニュアル通りであれば、子どもを無事に育てることはできる。

　確かに、子どものお世話だけでも、手間も時間もかかる。それなりに大変というのはよくわかる。しかし、それは自分がちょっと我慢すればすむことだ。しかも、子どもの気持ちを考えないお世話は、自分の判断で都合よく、変えようと思えば変えることができる。これをして、次にこれをして、最後にこれをすると、段取りも自分で決めることができる。自分の都合で子どものお世話ができるのであれば、さほど負担でもない。「軽々としたお世話」というのは、こういうのであって、これならばやりやすい。

それは我慢できない

　子育てのマニュアル本は、よく読めば、子どもの気持ちを大切にする。と書かれてあるのだが、残念ながら、小さな子どもは言葉で自分の気持ちを伝えることはできない。

　親は、表情、仕草から想像力をフル回転させて、気持ちを読み取る努力をしなければならない。それはちょっとしんどい。それでは自分の段取り通りにいかないことも出てくる。自分の都合も後まわしになる。ちょっとだと我慢できるが、たくさんは我慢できない。そして何よりも、子どもの気持ちを理解するには、親としての訓練が必要になる。これにはもっと手間がかかる。忙しい毎日の中で、親だって、自分の時間や生活を大切にしたいと思っているのに、そんな努力や訓練につきあってはいられない。というのが現実的な本音なのだろう。

　それで、親としての「忍耐・努力・想像力」の訓練は、適当に飛ばすことにする。そのあとに、残ったものが「軽々としたお世話の子育て」ということになる。

集団と家庭

　親の子育てだけの問題でなく、社会的な環境も、一人の子どもを豊かに育てるというようにはなっていない。

　保育制度の充実は、親の就労を促し、自由時間を増やした。それはそれで、一つの前向きの結果ではあるが、保育園はあくまでも、集団保育が基本になっている。親と子が、一

対一となって、密度濃くかかわって、育ちあうという経験とは別である。密度濃くという意味は、「軽々としたお世話だけ」ではないということだ。
「子どもの気持ちを確かめる」
「子どものできること、できないことを見極める」
「親の願いを伝える」
「子どもを待つ」
「親がすると簡単なことでも、あえて子どもにさせて時間をかける」
「他の子どもと比べず、自分の子どもを愛おしいと思う」
　このように、密度の濃いかかわりには、形を整えるだけでなく、形に命を吹き込むような、「心の世界」を伴うものだ。
　心の世界が充実して初めて、バランスのとれた子育てができる。保育者は上手にかかわって、子育ての援助をすればいい。しかし、基本は家庭にある。親にある。一対一のかかわりにある。そこで教えることは、集団保育に入る前に必要なことばかりだ。
「見る・聞く・考える」
「我慢する」
「相手を思いやる」
「自分のことを自分でする」
　こんなあたりまえのことを大切に教えておかねばならない。こんなあたりまえが身につかない子どもたちが、集団保育に飛び込むと、クラスは空中分解してしまう。
　親の、保育に対する期待や意識が、歪んでいないだろうかと気になる。

う〜ん？ ええわ

　先ほどの、お箸を忘れた子どもに戻るが、お弁当のお箸をお母さんが入れ忘れたのならば、貸してもらえばいい。先生に言えば、必ず何とかしてくれる。スプーンだって見つけてくれる。ひとこと「おはし、わすれました」といえばいい。しかしそれが言えない。そして、自分の置かれた状況が悪ければ悪いほど、怒りの矛先は母親に向く。「お母さんが忘れたから、自分は辛い思いをしている」と言いたげだ。その気持ちの中には、「してもらってあたりまえ」という甘えが、はっきりと見てとれる。
　「お母さんが忘れた」ことと、「どうしようもない自分の怒り」とは別問題だ。困ったら

自分で何とかすればいいではないか。

　例えば…、こんな子がいた。

　遠足に行って「おはしがない」と、お母さんが忘れたことに気づいた。先生が、「いいよ、貸してあげるから」と手助けする。すると、その子は、

「うーん？　ええわ」と、立ち上がり、そして、周辺をウロウロすると、2本の木の枝を拾ってきた。それをポキポキと折って、長さを揃えると、
「ほら、おはしできた」と、みんなに見せた。
「へぇー、いいのができたね」と、先生もちょっと感心。子どもたちが集まって来てそれを見る。
「いいね！すごい！」と、驚きの声が上がる。みんなうらやましそうだ。中には、「ぼくもしよう」と、枝を捜し始める子もいる。よく見ると、木の枝のお箸はクネクネと曲がっている。ザラザラして、色も茶色でまだらで、決してきれいとは言えない。それを器用に指に挟んで、その子はお母さんの愛情弁当を食べる。口の中がチクチクする。しかしその日のお弁当の特別おいしかったこと。満足、満足という感じだ。夕方降園時、子どもはお母さんにお箸がなかったことを話した。
「えっ、ほんと。ごめん忘れてた」と、親はちょっとあわててビックリ。
「きのえだでたべた。おいしかった。またつくってな」と、子どもはケロリとしている。先生が事情を話すと、母親は恐縮して、
「すみません、私がぼんやりしているものですから」と、先生にも子どもにも謝りながら帰って行った。

　子どもはお箸のことで親を責めない。そして自分の工夫したことをおもしろく親に話す。親はそれを聞いて「ゴメンネ」と恐縮する。そして、楽しそうなわが子を見て、ちょっと誇らしげに思う。そんな親子を見ていて、先生は、何かほのぼのとあたたかい気持ちにさせられた。

生きる力を育てる

　「生きる力を育てる」と、声高に言われている。しかし、生きる力どころか、幼児から青少年まで、親や他人に依存して、自分のことを自分でなんとかしようという力は、どんどん失われ、衰えている気がする。
　その背景には、必要な試練を子どもに与えないという、親の過保護と、「軽々としたお世話」に依存する、その場限りの無責任さが感じられる。
　そして、親と子を取り巻く社会環境は、「それ以上の努力や我慢」を親にさせないように、表面を取り繕う方向ばかりを向いている。

「お母さんが悪かった」という言葉は、子どもを思う親の美しい言葉のようだが、過保護、無責任をあらわしている言葉にも聞こえてしまう。
　「わかっていても、してはいけないことがある」このことの意味を考える時と思う。

第6章
ほめて育てる？

この章の内容は次のひとことで説明できる。

「子どもを簡単にほめるほどには単純になれず、
　子どもを厳しく叱るほどにはムキになれない」

ほめて育てる？

「ほめて育てる」という園の方針を、ある園長から聞いた。
「子どもをほめて育てるのは大切なことです。とにかく、ほめるところを探してほめる。ほめられると、子どももがんばる。また、ほめられた子どもを他の子どもも認める。そして自分もがんばってほめてもらおうと努力する」というわけだ。

その園に、大学の実習生が行った。彼女は実習を終えて、私にこう言う。
「ほめて育てるのは大切なことだと思いました。先生たちは朝からみんなニコニコして、とにかく子どものほめるところを探していらっしゃる。子どもたちも、ほめてもらってとてもうれしそうにしている。ほめられることをしようとするので、悪いことはしない。とてもいいなぁと思いました。でも、私は、ほめるところを何とかさがそうとするのにちょっと疲れました。それに朝からずーっとニコニコと笑い続けるのも大変でした。」

私自身は、どうもほめるのが苦手なので、この園では勤まらないだろう。そればかりか、わが園の先生たちは、私がめずらしくほめたりすると、
「本当はそう思ってないんでしょう」と、素直に聞かない。時には、
「それは、もう私のことはあきらめているということですか」と、逆に迫ってきたりするからかなわない。

それで大丈夫？

　私にとって、ほめるというのは苦手なことなのだが、同じように、子どもが悪いことをした時に、叱ったりすることも、あまり得意ではない。なぜかというと、子どもが、よいことをするのも、悪いことをするのも、ただそれだけでなく、何か感じ、何か考えていると思うからだ。

　ウソをつくのも、何か意味がかくされていると、いつも考えている。だから、ほめるほどは単純になれず、叱るほどはムキになれないというところだろうか。

　「ほめて育てる」というのは、私は苦手でも、大切な子育ての方法には違いない。しかし、「それだけで本当に大丈夫？」と、つい余計なことも考えてしまう。

　本当に子どもって、そんなことを求めているんだろうか？ それで喜ぶんだろうか？ それで努力するんだろうか？

　もしそうであれば、子育てはすごく簡単なような気がする。それを信じて保育できる先生はすごいと思う。でもやっぱり、私には、そう単純には信じられないので困ってしまう。

あなたは？

　保育の現場で働いている先生たちにも、同じことが言える。

　あなたは「ほめてもらう」ことが喜びになるだろうか？　励みになるだろうか？　もちろん、そういうことはある。やった仕事をほめられるとホッとすると同時に嬉しくもなり、自信にもなるものだ。

　しかし、ずーっと「ほめてもらうばかり」だと、ちょっと苦しくならないだろうか。それは、「できてあたりまえ」につながるから、次は失敗できなくなってしまう。失敗の積み重ねが、人を賢く育てると思う。子どもも同じで、失敗やちょっとしたイタズラが人間性を豊かにする。先生も、失敗を気にしすぎると仕事が小さくなってしまう。

　ほめて育てるというのは、悪いことではない。しかし、先生たちが一生懸命ほめるところを探すというのは、ちょっと行き過ぎではないだろうか。もっと自然にしていればいいと思う。子どもは良いことも悪いこともする。その両方が大切だ。大人に認められようと、一方だけに偏るような努力をする子どもは変われない。

　「ほめて育てる」というのは、単純でわかりやすいのだが、実際の子育ての場面は、そんなに単純ではない。それに気づかず、わかりやすさを求めすぎると、結局、大切なものをどんどん削りとってしまうことにつながってしまう。

病気です

　小学校2年生の男の子の相談があった。

　何ともやりにくい、乱暴な子どものようで、担任の先生は手を焼いている。言うことを聞かないでいたずらをする。他の子どもとトラブルになる。何度言ってもヘラヘラ笑ってきちんとしようとしない。とまぁこんな具合だから、先生はお手上げで、何度も親は呼び出しを受けたそうだ。そしてとうとう、7月にこう言われた。

「おたくの子どもは、何度言ってもわかりません。いけないということをくり返しくり返し教えても、やっぱりいたずらをします。子どもの病気に、注意欠陥・多動性障害というのがあります。一度、カウンセリングを受けて下さい。そちらの方に任せた方がいいと思います。」

　親は「なんで？」と思っても、実際は、先生や学校を困らせているのだから、反論でき

ない。「わかりました」と受けるしかない。「でも、なんでうちの子が病気なのよ」という憤りに似た気持ちは消えない。どうしたものかと迷って、訪ねてこられたわけだ。

病気じゃない

　先生にすれば、「何度言ってもわからない子ども」というのは、理解できないのだろう。わかっていてもやってしまうというのは、変なんだろう。理屈にあわない。理屈にあわないのは、単純に考えると、異常ということだ。それで、病気じゃないか？ということになる。
　昨今は、扱いにくい子どもに対しての病気の名前はとてもたくさんあるから、そんな情報はたくさん入ってくるから、あてはまるものがあると、「やっぱり」ということにもなる。
　しかし、私に言わせれば、「何度言ってもヘラヘラと笑ってきちんとしない」のは、よくわかっていることと同じだ。「わからない」のは、理解できない病気ではなく、「わかろうとしない」反発心のあらわれだ。何に対して、なぜ、反発する必要があるのか。本当は何が言いたいのか。何を考えているのか。そんなことから子どもが見えてくる。病気の子どもの世界とは全く別だ。その違いは、たいてい子どもを見ればわかる。
　理屈にあわないといっても、それは、一つの道筋で考えるとそう見えるだけだ。別の道

筋で考え直すと、きちんと合点がいく。子育ての道筋なんて、何万通りもあると思う。先生が、わかりやすい一つの道筋を求めれば求めるほど、病気と診断される子どもは増えていく。自分の担任の子どもを専門とは言え、簡単に病気ではないかしら？と他人に任せるというのは、私には考えられない。人や物も、ちょっと深く考えれば違った色あいが見えてくる。その色あいの違いこそが個性であり、それを見たいがために、子どもの教育の仕事をしているのが先生だと思う。

　先生は、はじめから先生ではない。先生は子どもによって先生になっていく。こんなあたりまえのことさえ、少しぼやけてしまっている最近だ。単純であることが、鈍感であること、多様性を考えないことでは困る。

みきわめ

　ここまで、単純では困ると書き続けてきたが、私は子育ての方法そのものは、次の3つだけで、単純なものだと思っている。

①子どもを抱き寄せる
②子どもを突き放す
③子どもを見守る

　子育てのマニュアルがいろいろ出ているが、細かく教えられても余計に混乱するだけだ。方法なんてシンプルでいいと思う。

　複雑なものは、多様なものは、その方法を選ぶ前にある「みきわめ」の中にある。子どもの内面を理解（みきわめ）して、何がどうなっているのか、本当はどう思っているのか、このみきわめについては、想像できないほど多くの答えがある。

　先生は、たった一つの砂粒を拾うような努力のあと、若干のひらめきの助けを借りて、子どもの「みきわめ」をする。「みきわめ」ができればあとはシンプルだ。

　子育ての具体的な方法は3つだけだ。それほどむつかしくない。ここまでくれば、自信を持ってグイグイ子どもにぶつかればいい。

　複雑な毎日の中で、単純さを求める心のありようはよくわかる。しかし、ポイントを間違えないようにしたいと思う。ちょっとポイントがずれると、複雑さの中に埋没してしまっ

て、何も見えなくなってしまう。
　現実の多様な保育から熟慮の末、最後に選び出した方法は、とてもシンプルで、あなたの頭の中をスッキリとさせることだろう。

第7章
子どもを育てるのが怖い

　　　　　心なんて誰も見たことがない。
　　　　　　さわったことがない。
　　　　　　実際にあるかどうかもわからない。
　　　　　しかし、心は象徴的にさまざまに表現される。
　　　　　　それだけ多くの人々を魅きつける何かがあるのだろう。
　　　　　心は美しいことばかりではない。
　　　　　　「心の闇」と聞くとそこに暗いイメージが集まる。
　　　　　　心はわかること、わからないことがある。
　　　　　　わからないことにおびえて、不安になる必要はない。
　　　　　　　それも愛すべき心の一面なのだ。

育てることがこわい

　十年前、「今、子育てで心配なことは何ですか？」と聞いた時、ある母親が「子どもに安全なものを食べさせたい」と答えていたのを私はよく覚えている。

　その頃は、食品や水の安全に対する関心が高まっていて、無農薬や有機栽培という言葉が、あちこちで聞かれ始めていた。

　十年経って、最近はどうだろう。先日、同じ質問をしたところ、一人の母親が暗い顔をして私にこう言った。

　「子どもを育てることがこわい。」

　本来、子どもを育てることは、楽しく希望にあふれたことであるはずなのだが、「育て

るのがこわい」というのは、どういうことなのだろう。詳しく聞いてみると、次のようなことだ。

心の闇

「毎日、子どもと接していて、不安に思うことは、大きくなったらこの子はどうなるのだろうかということです。こういろいろと事件が起こると、どうやって育てればいいのだろうと悩んでしまいます。子どもも大きくなると自己主張して、自分の意見を言うようになる。親の都合だけではどうしようもなくなることもあります。何か事件を起こすには、原因があるのでしょう。新聞には、『心の闇』が引き起こしたと書いてありました。そのことを考えると、子どもを育てるのがだんだんこわくなってきます。」

「心の闇」という言葉で、多くの親はびっくりしてしまう。どんなに子どもをかわいがって育てて、自分の子どものことはよくわかっているつもりでも、事件が起こる。

「どうしてこんなことを」と、みんなが戸惑っている時、「心の闇」が指摘される。この言葉には、何となく納得させられてしまう不気味さがある。そして、どうしようもない無気力を感じるのは親だけではないだろう。

心の闇が、どの子にも隠されている可能性があるならば、その闇の部分で起こす子どもの事件は、予測不可能ということになる。

　自分の子どもが心の中に、親の手の届かないものを持っているということは、親にはたまらない。親は一生懸命子育てしながらも、その見えざる闇に、いつも、子どもが「何かしでかさないか」とビクビクしていなければならない。

闇は説明できる

　ところで、心の闇って本当にあるんだろうか？

　安心して子育てに専念するために、親はみんなそれを知りたがっている。その正体がわかれば、闇の部分に光を当てて、その暗さを吹き飛ばすことができる。そしていつも明るく理解できるわが子を育てることができるのではと考えている。

　岡山金属バット母親殺害事件の少年について、刑事処分ではなく特別少年院送致の保護処分となった時、これを報じた新聞記事で、担当弁護士が次のように述べていた。

　「…事件を起こした男子生徒の〈心〉について、本人も自分のしたことをよく理解している。〈心の闇〉はないのではないか。それなりに理由があったと思う。」

　ここでは、はっきりと「心の闇」は否定されている。

　そして、事件の原因を特定できる。また本人も自分の行為の意味をよく理解し、反省していると、書いてある。

　この事件は、「わけがわからない」「見えざる闇」という得体の知れないものが原因ではないわけだ。

　それならば、親として事件を起こさないように、どんな子育てをしていったらいいのか、それなりの道筋も見えてくるはずだ。具体的な方法も明らかになるだろう。少なくとも親としてできることがあるというのは、助けられる気持ちになる。

闇はもう一人の私

　再びおどろかせるつもりではないが、私は、こうした事件は別にしても誰も手の届かな

い「心の闇」というものを、みんなが持っていると思う。

　しかし、「心の闇」そのものが、いろいろな不可解な事件を引き起こすとは考えていない。もともと心の中には、自分ではっきりと自覚できる部分と、自分でさえもよくわからない部分が、渾然一体となって存在しているものだ。心の中が全部わかるなんてことは、まず誰にもできない。闇は確かにある。でも、そのことを恐れることはない。

　人間には、光あふれる自分自身の生き生きとした毎日の生活がある。楽しいこと、苦しいこと、悲しいこと、いろいろあっても、人や仕事のぶつかりあいの中で、自分が生きているという実感を持つことができる。手応えのある毎日がある。

　その明るくダイナミックな毎日の一方で、闇は静かに心の中にあって、私という人間の成長をしっかりと後ろで支えてくれている。闇はいわば、もう一人の私と言える。そういう意味で、一人ひとりにとってなくてはならないものだ。

光と闇のバランス

　さきほどの岡山の事件が「心の闇があるわけではない。理由は説明できる」というのは、以上の意味で正確ではない。

　「心の闇はある。しかし、この事件に関しては、そのことを理由にするまでもなく、本人の自覚の上にきちんと説明できる」ということだろう。

　問題は、心の中の光と闇のバランスだろう。後ろでこっそりあなたを支えている闇の部分が、支えきれないほど自分の気持ちの変化が激しくなる。また、自分が経験したことのないような環境の変化に、過剰に混乱してしまう。そんな時、「闇」はあなたの心を支えきれなくなってバランスが崩れる。バランスが崩れると、自分を見失ってコントロールできなくなってしまう。

　始末の悪いことに、いつでもどこでも、どんな風にしていても、ちょっとしたきっかけで心はバランスを失う可能性がある。

ぼんやりがいい

　そこで提案だが、心の闇をもっと知りたいと焦って、光をうんと強く当てるのをやめたらどうだろう。知りたい、知りたいと思えば思うほど、もっとわからなくなるのが心とい

うものだ。
　例えば、車を運転している時、夕方暗くなる前は、何となく見えにくくて運転しにくい。30分後、真っ暗になってヘッドライトをつけると、はっきりと明るく見える。ところが、ぼんやりしている時は見えにくいが、そこそこまわりはすべて見えている。ライトをつけると、はっきりはするが、つけた部分しか見えなくて、あとはまったく見えない暗闇となってしまう。
　このことと同じで、光を強く当てると、それに比例して闇は深く濃くなるものと知るべきだ。闇が濃くなると、今度は闇そのものが一人歩きをする、なんてことも起きてくる。
　心の中のバランスを上手にとるには、薄明かりの中でぼんやり見えている暗さがちょうどいい。部分をはっきりさせると、闇ができる。「知りたいけど、まぁいいか」ぐらいで、

気持ちを収めよう。

　親が自分の子どもを全部知っておきたいと思い始めると、危険信号だ。そんなことはできっこない。わが子といえども、一人の人格を持っている。すべて知りたいと願うのは、親の愛情というより、人格の支配につながる。支配は、憎しみという闇を濃くする。

　あっさりと、自分の子どもの闇を受け入れたらどうだろう。闇はあってあたりまえと承知するのだ。自分の育てたよく知っているわが子といえども、心の中のすべてを理解しているとは限らない。これがあたりまえと考えたらどうだろう。無理に光を当てようとしなければ、薄明かりの中で、闇もそれほど暗くなくなるものだ。

　最後にもう一点。自分の心の闇を引き受けるのは、自分でしかない。誰も助けることはできない。毎日の子育てや教育の中では「闇を明らかにする」ことより、自分の心の闇を引き受けることのできる強さと、自分自身で心のバランスを保てるような、強い心を持った人間に育てることこそ、意味があると私は考えている。

第8章
自分の子どもだけかわいい

「うちの子に限って、そんなことはありません」
と相手に食ってかかる親は、子どもを守ろうとして
愛情にあふれて好ましく見える。

しかし状況によっては、それが哀れに見えることもある。
自分の子どもを信じきることは簡単なことではない。

なぜなら、親と子の関係は熱く濃いからだ。
気持ちが事実を遠ざける時がある。

じゅんばん ぬかしは あかん！

　小学生が公園であそんでいる。自分たちでルールを決めて順番に並んで、何やら楽しそうだ。
　突然、一人の子どもが列を離れて前に出てきた。すかさず別の子どもが、
「じゅんばん　ぬかしは　あかん！」と叫んだ。瞬間、みんなその子を見た。ちょっと間をおいて、言われた子どもは急に泣きだすと、家に帰ってしまった。あそんでいた子どもたちは変な顔をして、それでもすぐにワイワイとあそびに戻っていった。

両親が怒っている

　夕方、「じゅんばん　ぬかしは　あかん！」と叫んだ子どもの家に、昼間泣いた子どもとその両親がやって来た。促されても玄関に立ったまま、両親とも表情がこわばって、何やら険悪な雰囲気だ。
「おたくの子どもがうちの子どもを仲間はずれにする、と今日泣いて帰って来たんですけど、どういうことなんでしょう！」と厳しい声でその子の母親が言った。
　迎え入れた側の母親は、何のことかわからず、
「えっ、いや、それは…どうもすみません」と、とりあえず謝った。
「何も聞いてらっしゃらないんですか！」と重ねて強い声。
「えっ、ええ。うちでは何もそんなことは話さなかったものですから。」
「そんなことだからいけないんですよ」と、今度は相手の父親が口をはさんだ。
「子どものことを、もっときっちりと見ておかないから、平気でいじめたりするんです。家庭の教育に問題があるんじゃないですか！」
　ひたすら謝りながら聞いていた母親は、家庭の教育に問題があると言われたところで、ムッとした。しかしここは謝るしかない。何せ、自分の子どもが相手の子どもを仲間はずれにして、いじめたというのだから、返答のしようもない。

「くれぐれも、今後このようなことがないように、きつく家で叱っておいてください。」
と上からたたみかけるような言い方で、怒っている両親は容赦がない。
「わかりました。主人とも相談して、子どもに厳しく注意しておきます。」
　しどろもどろになりながら、何とか謝って帰っていただくことができた。

話が違うよ
　やりきれない気持ちで居間に戻ると、子どもは呑気に漫画本を読んでいる。
「ちょっと、ここに来なさい。」
　母親は、恥ずかしかったのと悔しかったのと、複雑な気持ちを自分の子どもにぶつけた。
「え～、もうちょっとでおわるのに」と、子どもはまだまだ呑気だ。
「いいから来なさい！」と、母親は本気で怒っている。
　子どもはしぶしぶやって来た。
「あんた、今日〇〇君を仲間はずれにして、いじめたでしょう。どうしてそんなことするの。今、ご両親が来られてお母さんひどく叱られたのよ。本当に情けない。どうして友だちと仲良くあそべないの。いじめたりするの。いつも、あれほど、友だちにはやさしくしなさいって言ってるでしょう。」
　母親は一気にまくしたてると、興奮して余計に腹が立ってきた。子どもは母親の勢いの意味がよくわからず、キョトンとして言った。
「え～、ぼくはいじめてへんで。きょうなぁ、みんなとあそんでたら、あいつがじゅんばんぬかしたから、あかん！っていうたら、きゅうになきだして、かえってしもたんや」と、間延びした声で答える。
「え？順番ぬかし？そんなことお母さん聞いてないよ。だって、〇〇君のご両親は、おまえが仲間はずれにしていじめるって、怒って来られたんよ。」
「なかまはずれになんかしてへんで。いつもいっしょにあそんでる。それでもあいつ、ときどき、じゅんばんぬかしたり、オニになったらやめるっていうて、きゅうにおらんようになったりするから、みんなこまってる。けどオレはいっつも、あいつもさそってやるけどな。」
と、わが子はこともなげに言う。
「あっ、そうなん」と、母親は拍子抜けしてしまった。話が違うじゃないかとも思った。

そして、自分は何をムキになって子どもにぶつけていたのかと思うと、ちょっと恥ずかしくなった。もっとちゃんと話を聞けばよかったと後悔した。いきなりだったこともあって、ただひたすら謝ったけど、今考えると、謝ることなんかなかったんだと思うと、腹立たしくもなってきた。

かきまわすことはない

夜になって父親が帰ってきたところで、母親は夕方のてんまつをひと通り話した。
「あいかわらず早とちりだなぁ」と、父親はニヤニヤしている。
「そんなこと言っても、いきなり、家庭の教育に問題あります。って言われたら、もう頭の中が真っ白で、申し訳ありませんって言うしかなかったもんね」と、母親は口をとがらせる。
「あぁ、それはそうかもな。」
「それにしても、○○君のご両親は、自分の子どものことをわかっているのかしらね。」
「そうだな、子どものすること、言うことだから、本当のことはよくわからんが、ちょっと鵜呑みにしすぎるかもな」と、立ったまま父親は言う。
「今からでも、本当のところはこうですって、相手に言いに行こうかな。」
「やめとけ、やめとけ。」
「でも何か、言われっぱなしで悔しい。」
「そんなこと言うても、実際は見てないし、わからん。うちの子どもが適当なこと言うてる可能性もまったくないわけでもないしな。子どももそれなりに考えとるもんや。あんまり大人が口をはさんでかきまわすこともないやろ」と、父親はビールを片手に食卓に座りこんだ。

自分の子だけかわいい

最近、学校や園を中心として、このような出来事をよく耳にすることがある。
全国でいろいろな事件が起こって、親が自分の子どもを守ろうとするのはよくわかる。小さなことを見逃すと、大きな失敗につながるというのも理解できる。それにしても、子どもどうしのちょっとしたことに過剰に反応しすぎる気がしてならない。また、自分の子

どものみかわいくて、一方的な思い込みや、被害者意識のみが強く感じられてならないのはどうしてだろう。

「子どもどうしのすることだから」と、おおらかに見ていられなくなってきた時代の空気は、確かに私にも感じられる。子ども集団の中で、どう理解したらいいのか、迷うようなとんでもないことも起きている。

やはり放っておけない

例えば、こんなことがあった。

砂場で数人の幼児があそんでいた。そのまわりでその子たちの母親のグループがしゃべっている。どこの公園でも見かける風景だ。

突然、一人の子どもが別の子どもの持っていたスコップを取ろうとした。ひっぱりあいになる。力の強い方が勝って取り上げた。相手は泣く。

こういうことはよくあることだ。

ところが、ここからが違った。取り上げた子は、何を思ったのか手に持ったスコップで泣いている子どもの頭をパシッと叩いた。叩かれた子はますます大きな声で泣く。それを見ていて、叩いた子はすました顔をして、さらに足元の砂を手にとると、泣いている子の目の中に砂をすり込んだ。こうなると「子どもどうしのことだから」とすませるわけにはいかない。

このような、予測のつかない出来事が最近子どもの間で起こるようになったのは確かで、本当に心配なことだ。

これでは放っておけないと、親が自分の子どもを守ろうとする気持ちはますます強くなるだろう。

不安と暗い予感

しかし問題は、子どもの異常な行動であって、「子どもどうしの、あたりまえの関わりそのもの」にあるわけではない。そして、異常な行動には必ず原因がある。

逸脱した行動は、子どもの望むことでもない。子どもは自らすすんでそんなことはしない。子どもを深く理解することでそのことはわかってくる。また、対症療法的な手当てだ

けでは、おそらく同じことを繰り返す。それでは被害も大きくなって、親も子どもも救われない。

　大人は、いつから子どもの心の中で起きていることが理解できなくなってしまったのだろう。自分の子どものことだけでなく、他の子どもも同じようにかわいがる。思いやることができないのだろう。自分の子どもも、「人さまに育てていただく、社会的な存在なんだ」と、親としての分別と節度をなぜ持てなくなってしまったのだろう。

　親子関係に関して、このような得体の知れない不安や、暗い予感を感じるのは、私だけではないだろう。

　これからもっとこのことをいろいろな角度から考えてみたい。そして、親が子どものことを愛情を持って、より深く考えられるようになるためのきっかけを見つけ出したい。

　次のある母親の手記を読んでほしい。一つの考え方の道筋が、その中にあると思う。

一つのきっかけに

　わが家は、友だちのような父親と、口うるさい母親、それと子どもたち（長男・小学2年生、次男・年長組）で構成される現代の典型的な家庭である。主人は、子どもが何をし

てもあまり怒らない、夜明けの行灯のようにボンヤリしている。一方、私はその反動でしょっちゅう猿山の猿のようにキーキーとかな切り声をあげては嫌がられている。

　長男が1年生の時、転校してきたばかりの上級生に乱暴を受けたことがあった。長男は「(1年生の)クラスは楽しいけれど、あの子がいるから怖くて学校に行けない。ついてきて」と言いだした。私はとりあえず付き添い、上級生に事情を聞いた上で、こちらの意見と希望を伝えた。学校からも、彼と話しあいがもたれ、彼の両親にも事実が伝えられた。その翌日、乱暴はエスカレートした。いわゆる〈お礼参り〉というものだ。ヘタをすれば長男の命に危険が伴う可能性もあった。そうなれば、その上級生もまた一生その重荷を負っていかねばならないことになる。彼もまた守らなければならない。

　翌朝、主人は長男の登校に付き添い、上級生に対して叱責した。私はその場にはいなかったが、長男によると「あんな怖いパパを見たのは初めてだった」そうで、翌日から「一人で学校に行く」と言いだした。それでも嫌がらせは続いた。ついに私たちは、上級生の家を訪ねることを決心した。主人はパフォーマンスも込めて、やや激しい口調で意思を伝えた。さすがの上級生も縮み上がり、彼の両親も「わかりました」と言われた。その後、嫌がらせはピタッと止んだ。

　その時のことを通じて、私たち夫婦が学んだ大切なことは、

①子どもが乱暴を受けた時、まずは子どもを危険から何が何でも守ってやること
②子どもの心が傷ついている時、親はどんなことがあっても、お前の味方だと、強く伝えてやること
③相手の子どももまた守ってやること

　今年の4月、新学期が始まった。例の上級生は新1年生に対して、同じことをしている。長男には手を出さない。そして、「○○君のお父さんは頭がおかしい」と吹聴している。私はそれを知った時、悲しさで胸がつぶれそうになった。あの時、上級生とその両親の間に話しあいは持たれなかったのか。自分の大切な子どもが傷ついている時に、我を忘れてプライドを捨てて頭がおかしくなれる父親こそが正常なのだ、私だってお前が傷つけば同じ事をするだろう、なぜならお前が大切だから、だから同じようにあのお父さんの大切な子をいじめるようなことをしてはいけない、というレッスンがなされなかったのだろうか。

　多発する少年犯罪を見る時、加害者もまた被害者であることを痛感する。「大切にする

ということは、関係性から生じる自分の義務を果たすこと」だと知人から教わった。自分の好き嫌いの感情を超えて相手を認め、義務を実行することは、親としての責任もそこに含まれる。しかし、大切にするということをわが子に対してだけにとどめず、ある時は自分にツバを吐きかける相手にも実行していければと思う。三番目の教訓は大きな課題だ。

　喉元過ぎれば主人はあいかわらず夜明けの行灯、私はやっぱり猿山の猿である。ただ少し違っているのは、やや太くなった主人と長男の絆、といったところだろうか。

第9章
子どものクセ

結論から言おう。子どものクセを直すのは簡単だ。「あきらめ」ればいい。
しかし「あきらめ」の境地に届くまでが苦しい。
あちこちの医者に診てもらい、子ども相談も電話し、漢方も小児鍼も試すこともあるだろう。
治らないのであげく先祖供養までした人もいた。
笑ってはいけない。このジタバタのプロセスが最後に意味を持つ。
苦しんだ後に、スッキリと、「あきらめ」の壁を越えることができる。
「あきらめ」の境地にわかった気分で軽々と到着するようでは…、まだまだ治せない…。

子どものクセ

子どものクセについて考えてみる。

小さい頃には、クセと呼ばれる、独特の動きや表情がたくさんある。その一番手は、「指しゃぶり」だろう。「指しゃぶり」にもいろいろあって、だいたいしゃぶる指は決まっているのだが、「チュウチュウ」と、音が出るくらいしゃぶる子もいれば、お気に入りの指に、タコができている子もいる。つめが浮き上がって白くなってしまっている子や、2本いっぺんにという子もいる。前歯を押し上げるので、指しゃぶり常習者は、反っ歯になってしまう。歯医者に行くと、「『反っ歯』になるのでやめさせなさい」と指導され、あわてて何とかしようとして、もっとややこしいことにもなる。「反っ歯」は、矯正でなおるが、このややこしいことになってしまうと、矯正する手立てがなかなか見つからない。

二番手は「つめかみ」だろう。これは親が気がつきにくい。つめをかんでいるところを見たことがないという親は、けっこう多い。それじゃどうして気がつくかというと、「最近、子どものつめを切ったことがないので…」と、ある日ふと気づくという具合だ。手の指の

つめをかんでいるのだが、それでも足りない子どもは、足のつめをかむ。そのしぐさは、足を持ち上げ、首に巻きつけるかのようにして、器用にかんでいる。まるでヨガの行者のように見えることもあって、「すごい」と感心してしまう。それでも足りない子どもは、友だちの「つめ」まで借りたりしている。

三番手は「オネショ」というところだろうか。「オネショ」はけっこうしつこく残る。小学校５年生ぐらいまでする子もいる。自律神経のバランスがうまくできあがっていない幼児の頃は、さほど気にならないのだが、小学校３年生にもなると、さすがに親も困る。その頃には子どもも叱られるので隠そうとして、朝、着替えないでそのまま学校に行ったりする。「におい」がするので、クラスでからかわれたりするのもこの頃だ。体ができあがってきている10歳過ぎても治らないと、心の問題だろうかと、親は神経質になる。学校の宿泊行事のことも心配になる。注意しても、なぐさめても、叱っても、励ましても、漢方薬を飲んでも、小児鍼に通っても、カウンセリングを受けても治らない。ほとほと親は困り果てる。

それから

　「手離せない小道具」で、よく聞くのは、ぬいぐるみ、タオル、ガーゼ。これらを、不安な時は口に入れてかんだり、しゃぶったりしている。眠る時は必須道具になる。ぬいぐるみを抱く。お気に入りのタオルケットで体を包む。ガーゼ、タオルでほほをそっとさする。こういったことが、睡眠への導入に欠かせない。これらの小道具がないとパニックになる。落ち着いて眠ることができない。

　この場合、旅行に困る。実家に泊まるのに困る。園や学校のお泊まり行事に困る。しかも、そろそろ汚れてきたのでと、気をきかせて洗濯しようものなら、エライ大騒ぎになる。これは汚れていなければならない。クサくても同じ臭いがしていなければならない。厄介なことである。ガーゼなどは同じ品番でなければ落ち着かない。ちょっと肌触りが違うだけでもパニックになる。ちょっとくらいと思うのは、まだガーゼの品質を見極めていない素人ということらしい。ガーゼを極めている子どもは品番にまでこだわる。ちょっとの肌触りの違いもわかる。そして決して妥協しない。しかしその品番を探し求める親は大変だ。「何のためにこんなものを探しているのか」と思いはじめると、怒りと悲しみまで経験する破目になる。それでもひたすら店をまわらねばならない。

まだまだ

　ちょっと耳に馴染まないが、「チック症」というのを聞いたことがあるだろうか。「○○

症」と名がつくと、なにやらいかめしく、ひどい病気のように聞こえるが、何のことはない、「指しゃぶり」の友だちのようなものだ。ただ見た感じは違う。

　多くのチック症は目にあらわれる。「目をパチパチと不自然」に動かしていると、見ている人はとてもせわしない。本人も困った表情をしているので、「あぁ、これは病気なんだ」と、見た人は思う。そうすると、それを感じて、余計に「パチパチ」が増えてしまう。こうなると、とても「指しゃぶり」の友だちとは思えない。とんでもない病気を持っている子どものように扱われてしまう。

　「チック症」は、目だけにあらわれるわけではない。顔の筋肉に出ると、ピクンピクンと、不自然に顔が引きつったりする。唇がゆがんだりすることもある。体の筋肉が動いたりする人もいる。自分でやめようとするのだが、止まらない。意識すればするほど、ピクンピクンはひどくなる。

さらに

　「吃音」というのがある。音がついているので、声や言葉についてのことかなとわかる。「どもる」という言い方の方がわかりやすいかもしれないが、私は「どもる」という言葉がどうにも好きになれず、「吃音」を使う。

　「吃音」にもいろいろなパターンがある。最初のひと言が発音しにくい子どももあれば、言いはじめは出ても、途中であわててくり返す子ども。最後の語尾が切れにくくて尾を引いてしまう子。また、「吃音」ではなくても、言葉のいい間違い、例えば、「かいもの」が「かいのも」と発音する。「たまねぎ」は「たまめぎ」になる。私の近くに、「シバタジビカ」（柴田耳鼻科）というのがあるが、それが、「シビタジバカ」になる。これはとてもかわいかった。

　「サシスセソ」の発音ができない。そのままそっくり「タチツテト」に入れ替わってしまう。などなど、いくらも例はある。

まとめると

　「チック症」、「吃音」になると、あまり頻度は多くないかもしれないが、その他にも、クセをざっとあげると、次のようなものがある。

・まつげを抜く
・耳たぶをさわる
・唇をなめる
・脱毛症
・髪の毛のにおいをかぐ
・多動
・ひじをさわる
・まゆげをさわる
・おチンチンをさわる
・物を勝手にとる
・場面斜視
・場面寡黙
・服をかむ
・自虐行為（頭をぶつけるなど）

　以上のことは、年齢の小さな子どもに見られるので、ある意味ではわかりやすい。これが小学校の高学年にもなると、あらわれ方が変わり、わかりにくくなってしまう。
　例えば、

・落ち着きがない
・食事の偏り
・声が大きい
・服をしょっちゅう着替える
・激しい言葉遣い（バカ、死ね、殺す）
・忘れ物が多い
・乱暴
・ずーっとしゃべる
・片づけができない
・全くしゃべらない
・すぐに泣く

・集中できない
・うそをつく
・夜眠れない
・昼間眠い

　どうだろう。思いあたるところはないだろうか。年齢によってあらわれ方が変わっても、どうやら根っこは同じみたいだ。私は、「指しゃぶり」を矯正されて「円形脱毛症」になった子を見たし、「吃音」を注意されすぎて「チック症」があらわれた子にも会った。一つの問題行動は、安易に矯正すると、次に別の問題を生み出すという厄介さの中にあるようだ。これには理由がある。

勘違い

　これらの子どものクセは、どうやったら治るのか？　みなさんもその答えを待ってらっしゃるだろう。結論から言うと、おそらく、誰にも治せないし、これと言った答えはない。とまぁ、これでは素っ気なさすぎるので、治せるようなヒントくらいは考えてみたい。

　まず、見当違いはいけない。きちんと筋道を辿って考えれば、どうすればいいのか、おおよそのことは見えてくる。どのような見当違いか。その例を次に挙げる。

　2歳半で吃音の子どもの母親が、電話してきたことがある。聞けば、母親がパートで働きはじめ、その間おばあちゃんの家にあずけた。それで、「吃音」が出はじめた。あわてて相談所へ行くと、「愛情不足です。仕事をやめて、子どもを手許に置いて育てなさい。おばあちゃんの家にあずけたりするからです」と言われた。「ああそうか。自分の子どもは愛情不足だったんだ」と、母親は恐れ入って、仕事をやめ、家に戻って、子どもの面倒を自分でみるようになった。これで一件落着するはずだった。ところが、それでも子どもの「吃音」は治らなかった。それで母親はあわてた。相談所の先生の言う通りにしたのだが、子どもの吃音は治るどころか、ますますひどくなる。

　混乱して、相談の電話を私のところにかけてきた。母親は泣きながら、「私が悪いんです。家の子は愛情不足なんです」と訴える。私はそれを聞いて、こう答えた。
「でもね、お母さんの働いている家の子どもが愛情不足で、吃音になるのなら、保育中うるさくてかなわないですよ。それに、おばあちゃんに預けたから吃音になるなんて言った

ら、日本中のおばあちゃんは怒りますよ。吃音の原因は他にあると思いますよ。」

答えはどこに？

　面接に来た母親は、「自分の子どもは愛情不足なんです」と泣き続ける、それでも粘り強く、

「最近、子どものことで何か変わったことはありませんか。よく考えて、思い出して下さい」
と聞いてみると、

「そういえば、もうすぐ3歳になるので、3歳になったらおばあちゃんの家に一人でお泊りできるようにと、寝る部屋を変えました」

「何かほかには？」

「今まで、靴を私がはかせていたのでヒモ靴にしてたんですが、もう自分ではけるだろうと、マジックテープの運動靴に変えました」

と、いろいろと出てくる。細かいことではあるが、こういったことが大切なのだ。小さい子どものおかれている状況を考えてみてほしい。自分のことであっても、なかなか自分で決めることができない。「よかれ」と思って、大人はいろいろと仕掛けてくる。そろそろ

馴染んだかなと思った頃に、次の課題に引っ張っていかれる。これでは、子どもはいつも不安定な状況におかれている。子どもの問題行動を考える時、大きな問題を探すよりは、小さな問題に目を向けた方が、解決の手立てが見つけやすいことがあるものだ。

それにしても

　それにしても、「愛情不足」というのは無責任な言葉だ。それだけで子どもが悪くなることはない。しかし「愛情不足」と聞くと、たいていの親は思い当たることがある。100％の子育てなんてありえない。親の気分で怒ってしまったり、しつこく責めたり、放ったらかしにしたり、子育ての途中、一度や二度はこんなことがある。だから、「愛情不足」と言われると、「あぁ、あの時のことだ」と思い当たる。「原因はこれだ」と思ってしまう。親はみんなそうだ。

　その親の持ってる弱点を知りながら「愛情不足」と言うのは、ずるいと思う。それは、水戸黄門の「印籠」と同じで、聞かされると、みんな、ひれ伏すことになる。エラい先生の中には、その効果をよく知っていて、最後にはその切り札で一件落着してしまう人もいる。何のことはない。要するに、どうしていいかわからないからだ。わからないと認めるわけにもいかず…。それで「印籠」の登場となる。

治ります

　さて、この子どもの母親は、すっかり「自分の仕事」と「おばあちゃんに預けた」ことからくる愛情不足が吃音の原因と思っていた。それで「仕事」と「おばあちゃん」のことを解決して、吃音が治るはずが、治らないので混乱してしまった。

　原因は他にもあること、そして小さな子どもには、そんな些細なことが、意外と重荷になることがあると話し、生活全般の見直しをアドバイスした。ほどなくこの子の吃音は収まった。

　さらに私は、お母さんに、仕事をはじめること、その間、おばあちゃんに預けてもかまわないことをつけ加えた。子どもが理解できて、子どもの細かい気持ちに配慮できるようになれば、むしろ、ダイナミックな親子関係の方が、うまくいくことが多い。ずっと向かいあいすぎて煮詰まってしまう親子関係もある。ある年齢に達したら、適度な距離も必要

になる。だから私は、仕事をすることをすすめた。

心情・身情・事情

　ここで、子どものクセの考え方の基本を整理しておく。心情→身情→事情と考えればいいと思う。身情というのは、体の変化。事情というのは、そのことからおきるさまざまな症状だ。身情→事情はわかりやすい。見てわかる。「指しゃぶり」にしても、「つめかみ」にしても、「チック症」や「吃音」にしても、けっこう見てわかりやすい。しかしそれらは、たまたま起きたわけではない。症状が起きる前に、何らかの心の動きがあった。それが〝心情〟ということだ。クセを治そうとするならば、その心情を理解しなければならない。

　ところが、厄介なことに、心情は目に見えない。そこで目に見える身情や事情を何とかしようとする。しかしそれは、大抵うまくいかない。それどころか、変にいじくりすぎて、二次障害、三次障害を生み出すことがある。「つめかみ」をする子どもが、「指しゃぶり」「オネショ」などを抱え込んで、複数のクセを持っていることがある。これは明らかに、どうでもいいこと、さわっちゃいけないことを、いじくってしまった結果である。薬が効いたら病気は治る。きちんと治るところに手当てをしてやらねばならない。その、きちんと治

すところが、心情の中にかくされている。心情理解こそが、子ども理解となり、問題解決の答えとなる。

　どうすれば、心情に近づくことができるか、これは簡単ではない。人は人の心をそのままでは見たり、さわったりすることができない。要するに、人の心はわからない。なので、心情に直接近づくのには、「これといった方法」がない。

　それでは全くお手上げかというとそうでもない。人は人の心を直接はわからないが、「経験を通して洞察する」ということはできる。原因を考えて、答えがでるという自然科学の世界とは違うので、ちょっとわかりにくいが、経験の持つ力は大きい。ここで言う経験は、そのままでは役に立たない。経験を通して、分析や解釈が求められる。それが「心の科学」の世界だ。

　どんな問題行動にも、必ず答えは見つかる。そう信じてあきらめないことだ。そして経験の持つ意味と力を見直すところからはじめよう。

第10章
あいさつができない

あいさつは大切だ。
　まず、やり方を教えよう。
　　できるだけ、気持ちの良い言葉を選びたい。
　次にやって見せよう。心に届くようなさわやかなあいさつの見本を示そう。
　　次に…。これだけだ。
　　　このあとを3360回くり返しても子どもはあいさつを覚えない。
　　ここからは、子どもにまかせる。

朝のあいさつ

「おはようございます」というのは気持ちの良い朝のあいさつだ。全国の保育園や幼稚園、小学校では、あいさつのできる子どもにしようと、あいさつ運動にも力を入れる。

私は毎年、夏の2週間、ニュージーランドという国に行くが、ここでは誰でもがあいさつをする。全く知らない道路工事のおっちゃんも、目があうと必ず、「ハロー」と声をかけてくれる。

特に英語の苦手な私は思うのだが、英語では、先にあいさつした方が余程簡単なのだ。例えば相手に、「How are You ?」と先をとられてしまうと、自分の今の気持ちを説明しなければならない。それはけっこう面倒なことで、たいてい、「I'm fine」なんてやるけれども、そのあとが続かなかったりすると、ドキドキしたりする。なので、英語圏の国では絶対に、「How are you?」を先に言ってしまったほうが楽だと、変てこりんな学習をした。

話がそれたので元に戻すが、いずれにしても、どこにいても、あいさつは気持ちの良いものだし、コミュニケーションのきっかけにもなるものだから、大切だと私も思う。

しかし、ここでどうしてもひっかかることがある。「おはようございます」というあいさつは、教えるものなのだろうか。

3360回

　兵庫県では中学2年生になると、1週間の社会体験学習をすることになっている。校区のさまざまな会社、事業所、老人施設、お店、保育園などに、14歳の中学生がやってくる。この時期には、制服の体操着姿の中学生が、ガソリンスタンドで窓をふいていたりする光景を目にすることができる。

　その体験学習について、各事業所への説明会でのことだ。90分間の説明会の間、学校長が三度頭を下げて、こうお願いをされた。

「今の中学生はあいさつができないので、どうぞ各事業所であいさつを教えてやって下さい。」

　お願いの内容はよくわかった。しかしこれはおかしな話だ。例えば、「おはようございます」のあいさつは、保育園に2歳から通っている子どもであれば、中学2年の14歳までの12年間に、ほとんど毎日のように教わっている。通園、通学を1年間にざっと280

日と見積もると、この12年間で、少なくとも3360回はあいさつをしたことになる。これは決して小さな数ではない。

　にもかかわらず、「中学2年生であいさつができないので教えてやってほしい」というのは、一体どういうことなのだろう。この3360回は何だったというのか。

教え方が歪んでいる

　朝、登園してくる子どもたちに、玄関で一人ずつきちんと「おはようございます」のあいさつを教えてくれる園がある。一見、立派に躾をしてくれているようなのだが、これを3360回くり返しても、あいさつのできる子どもにはならないらしい。

　でもおそらく、教える側はそう思っていない。「おはようございます」とくり返し教えることで、子どもはあいさつを覚える、言えるようになる、自分たちは立派な教育活動をしていると思っていらっしゃる。

　「あいさつをする」なんていうことは、教えられた回数分だけ結果が出るものではないと、おそらく、誰もが本当は気づいているのではないだろうか。力こぶを入れて、正しいあいさつを教えれば教えるほど、子どもの口は重くなっていく。

　中学2年生にもなると、誰だって、あいさつの仕方くらい知っている。それが大切なものだとわかっている。でも言わない、言えないのは、3360回の教えられ方が歪んでいたからではないだろうか？　素直にその意味や方法を受け取っていない。きちんと心に収まる、回数分だけの経験になっていない。立派な教育は、「ひたすら形ばかりのあいさつをさせ続けてきた3360回」だったということだ。

　「心をこめてあいさつする」ことを教育しようとしたりするから、子どもが歪む。「心をこめる」なんて、教えられるものではない。自然に状況の中から、子ども自身の感性にピタッとはまるものだ。そういうことができる指導が求められる。くり返し教えればできるようになるなんて、子どもを馬鹿にしていると思う。

　子どもにも気持ちはある。気持ちにスポッと収まるようでないと、「本物のあいさつ」は身につかない。

返事をまかせよう

　それではどんな教え方がいいのか。とにかく、「おはようございます」を手っ取り早く教えこむことはやめよう。

　例えば、朝の受け入れをもう少し、あっさりとしてみよう。玄関で「おはよう」と声をかける先生は必要だ。親に対しても、「おはようございます」は、気持ち良くくり返そう。それは「あいさつを育てる」ためにとても大切なことだ。

　しかしここで、返事は子どもにまかせてほしい。くれぐれも、「きちんとあいさつできない子は入れません」なんてイジワルはしないでもらいたい。こうされると子どもは、とにかくその場をやりすごすために、形ばかりのあいさつを覚えてしまう。これが空しい3360回の一歩になってしまう。

　返事を子どもにまかせるとどうなるか。中には、「おはようございます」ときちんと返す子もいれば、「おはよう」だけで軽く入ってくる子もいる。なかなかひとことがいえなくて、顔を真っ赤にして入ってくる子、先生のお尻をポンとたたくだけの子、目線をあわせるだけで何も言わない子、もじもじと止まってしまう子と、いろいろな子どもの様子が見られる。立ち止まって言えなくなってしまう子の口を、無理にこじあけようとしてはならない。あいさつは、結果、言えるようになれば言い。今日、きちんとした「おはようございます」が言えるようになることを焦ることはない。強制してはいけない。

本当はたいしたことない

　なぜ、先程のようないろいろな子どもの「あいさつと言えるような言えないような怪しい仕草」を認めるのか。それは、その何気ない表情や仕草に、言葉であらわすあいさつよりも、もっと大切な気持ちの世界がかくれているからだ。この気持ちの世界をしっかりと受け止めてもらえると、子どもはホッとする。安心する。人ともっとつながろうと意欲を持つ。人間関係は、まず、安心して、相手に対して興味を持つことからはじまるものだ。そのきっかけになる、小さな変化を見逃さないでもらいたい。そしてそれを、しっかりと抱きしめてやってほしい。

　こう考えると、朝のあいさつの言葉、「おはようございます」は、誰でもどこでも使える、便利な言葉なのだが、心を込めて、自分の認めた人に伝える言葉としては、十分でないこ

とがわかる。多くの大人や先生たちが、子どもに教えるあいさつの言葉は、本当はたいしたことはないのだ。

　それじゃ、たいしたあいさつって何だろう。そんなものがあるのだろうか。おもしろいことに、このたいしたあいさつは、大人の世界でも、日常的によく聞かれる、見られるものだ。

ふざけてませんか？

　あなたは朝、会社でどんなあいさつをしているのだろう。おそらく、自分の上司には、「おはようございます」と、きちんとあいさつする。それにはどれくらい心がこもっているか？　それとも、決められたこととしての形が入っているか？

　すぐそのあとに、親しい同僚を見つけたとしよう。そして、側に走り寄って、肩をポンとたたいて、こんなことを開口一番言う。

「あらっ、髪の毛切ったね！」そして二人顔を見あわせてニッコリする。正確に言うと、これは朝のあいさつとしては間違っている。朝は「おはようございます」と、3360回以上教わっているはずだ。「髪の毛切ったね」なんて、ふざけたあいさつは本来は通用しない。

　そのはずなのだが。男性の中でも、よくこんなことが見られる。上司には同じように丁寧にあいさつしても、やはり親しい同僚には、

「おい、阪神また負けたで！」と声をかけて、２人でしばらくその話題で盛り上がる。これは立派な社会人としのあいさつとしては間違っている。おかしいはずなのだが。

あいさつの力

　ちょっと意地の悪い書き方をしたが、実際には、こんなことは毎日いっぱい起きている。不思議でもない。失礼でもない。むしろ、あたたかみがあって、ほのぼのとしている。ああ、この二人は仲がいいんだと思う。ああ、このグループはいい関係なんだと感じられる。あいさつの言葉は間違っていても、心はこもっている。それがまわりにも十分伝わってくる。

　ところが、子どもにあいさつを教える時、なぜか、「おはようございます」に大人はこだわる。それが言えないとあいさつになっていないという厳しい目線を送る。言葉で訂正

する。子どもにも気持ちはあると最初に書いたが、その子どもの気持ちを、もっと深く読み取ってやれないものだろうか。そして心をあらわす手段としてのあいさつを、もっと自由に幅広く、教えてやれないものだろうか。

　「おはようございます」は、やがて、結果として言えるようになればいいではないか。大人だって、相手との関係性の違いで、あいさつを変える。子どもも先生との親しみ具合であいさつの仕方は変わる。お尻をポンなんて、十分、心のこもったあいさつだと私は思うのだが。これでは子どもに甘すぎるのだろうか。

　「正しい答えのほんのとなりにある子どもの秘密」を考えてみたが、あいさつ一つにも、いっぱい何やら秘密があるみたいだ。みなさんはどう思われるだろうか。

第11章
順番を間違えましたね

　保育の中でやるべき順番を間違えることはよくある。
　　多くは先生自身の気持ちが先行しているか、先生の都合が優先された結果だ。
「子どもを真ん中において」考えると、順番を間違えることはまずない。
　　この本の中で、繰り返し使ってきた言葉でこの本の締めくくりとしたい。
　　　「子どもにも気持ちがある。子どもを真ん中においた保育」を目指そう。

テツ

　打ち合わせがあって、朝早く園に着いた。この園の事務所に入ると、必ず２歳の「テツ」がやってくる。
「おっちゃん？」
「オォ、テツ！　元気か？」
「うん、おっちゃん　あそぼ！」
「ちょっと待ってろ、おっちゃん、仕事するからな」
「うん、わかった。」
と、「テツ」は、事務所の机の周囲をクルクルとまわっている。
　いつものことなので、私は横目でチラチラ「テツ」を追いかけながら、園長の出した書類を見る。そのうち「テツ」は、待ち切れずに事務所を出て行った。
　私は仕事に取り掛かるのだが、どうも落ち着かない。集中できない。
「おかしいなぁ。」
と、書類から目線をそらす。さっき出て行った「テツ」の後ろ姿が気になっていたのだ。「何か変」で、いつもの「テツ」と違う。私の気持ちにスッポリと収まらない。
　子どものことでこうなると、私は、じっとしていられなくなる。それで園長に

「今、2歳のクラスの先生で手のあいてる人いるかな?」と聞いた。
「そうですね〜」と、園長は事務所のとなりの2歳の部屋をのぞいて、
「杉田先生がフリーでいますね。」
「悪いけどちょっと呼んでくれないかな」と、詳しく説明もせず、園長に言った。
　というより、この時点では、何が気になっているのかうまく説明ができない。何か感じるのだが、その正体はよくわからない。
「いいですよ」と、園長はいつものことかという感じで、杉田先生を呼んでくれた。
「何でしょう?」と、ちょっと緊張して杉田先生が私の前に座る。
　私は単刀直入。いきなり聞いた。
「テツの様子がおかしい。最近、2歳のクラスで何か変わったことはありませんでしたか?」

2日前のことです

　2歳児は全部で23名いる。先生4名で複数担任保育している。先生はよく子どもをかわいがって、わりと落ち着いたクラスだ。
　「テツ」は、その中でちょっとクラスからはみ出している。先生の言うことをあまり素

直に聞かない。それだけに、彼の様子がクラスの雰囲気をあらわしていて、よくわかる。
　この日、「テツ」の事務所から出て行く後ろ姿が気になった。クラスで何かが起きているようだと直感に感じて、私は気持ちが落ち着かなくなった。それで杉田先生に来てもらって、向きあっているところだ。
「いえ、クラスはあまり変わりありませんが…」と、杉田先生の歯切れはちょっと悪い。
「それじゃ…、ぼくの思い過ごしかな？」しばらく黙ったままの時間の後、突然、杉田先生が涙ぐみはじめた。
「実は…、私もどうしていいかわからなくて。」
「どうしたの？」と、私は座りなおす。
「2日前のことです。」
と、涙をふいて杉田先生は話し始めた。

避ける

　2日前の昼頃、部屋に続くトイレで突然、子どもの泣き声が聞こえた。あわてて杉田先生が飛んで行くと、泣いている女の子のうでに「かみあと」。その横に恐い顔をして「テツ」が立っている。場面を見て、すぐに「テツ」がその女の子をかんだのだとわかった。杉田先生は「テツ」を叱った。
「どうしてお友だちをかんだりしたの！」
「あやまりなさい。ひどいでしょう。」
　ちょっと厳しいかなとも思ったが、最近の「テツ」は乱暴が目立つ。先生の言うことも聞かなくなっている。ここはしっかり指導をしなければと、余計に力も入った。先生の声も徐々に大きく、強く、激しくなって、「テツ」は叱られた。
　その午後から、「テツ」は杉田先生を避けるようになった。恐がって寄って行かなくなってしまった。先生も叱った後で、「テツ」が自分を避けているのを感じて、ちょっと反省した。あまり厳しくしすぎたかな。
　それで、食事や昼寝の時に「テツ」に近づくのだが、「テツ」は何となく杉田先生の側から離れていく。そして、以前のように先生の前で笑わなくなってしまった。それが今日まで続いている。

母としても

「なるほど。そんなことがあったんだね。それであの寂しそうな後ろ姿の意味がよくわかったよ。」
「やっぱり私、叱りすぎたのでしょうか？」と、杉田先生が不安そうに聞く。
「いや、あなたは気まぐれで叱ったわけではないんでしょう」
「えぇ、友だちをかんだことは許されないと思うんです。私自身にも子どもがいますから、自分の子どもがそんなことをしたら、絶対に許しません。先生としてだけじゃなく、母親としても、ここはきちんと叱っておかなければと思いました。」
「なるほど、母親としても…、なるほど。」
「それでつい、厳しくなり、言いすぎたのは反省しています。」
「あなたの勢いに、テツはびっくりしてしまったのだろうか？」
「たぶんそうだと思います。考えてみれば、最近、あの子、おかしかったんです。妹が産まれて母親が忙しかったのでしょう、ちょっと不安定になってるなって思っていました。」と、思い出すように先生はつけ加える。
「そぉ、妹が産まれたか。」
「そんなことを考えると、あんなに叱らなくてもよかったと、いまは反省しています。でも、母親としても、かんだことは許してはいけないと思ったんです。」
「そうだね。で…、テツがあなたを避けるのが、ちょっと悲しくて辛いんですね。」
「えぇ、それは…」と、また涙があふれてくる。

間違えましたね

「テツと仲良くしたいんですね。」
「えぇ、どうすれば私のことを受け入れてくれるでしょう。」
「そうですね、その前にもう一度、2日前のことを考えましょう」と、私は焦らない。
「私は、ちょっと厳しく叱りすぎたかなと反省はしていますが、やはり、あの時は、かんだことを許すべきではなかったと思っています。」
　杉田先生は、だいぶ落ち着いてきた。自分のしたことを思い直して、そのことを客観的に考える余裕もでてきた。

私は「そろそろいいかな」と思った。実は杉田先生の話を聞いていて、私自身が、共感できないことがあった。そこに気持ちが引っかかっていた。
　私は話をすすめるためにきっぱりとこう言った。
「あなたは間違えましたね！」
「えっ？」と、杉田先生がはじかれたように顔を上げた。
「やはりあなたは、2日前のかみつき事件の時に、テツへの対応を間違えたのですよ」
「テツの出した結果、『あなたを避ける』を見ると、そう考えるしかありません。子どもが結果を出したら、言い訳はできません。そうではないですか？ 実際あなたは、そのことで今、心を痛めている。」
　少し厳しい言い方だが、ここは、取り繕うよりは、はっきりした方がいいかと言葉を続けた。
「しかし、ここが大切です。先生がいつも自分が正しいと思い込んで、子どもをふりまわすのであれば、心は痛まない。あなたは、自分のしたことをとても気にしている。これは先生として間違っていません。なので、私はあなたを助けましょう。そして、あなたの間違いを明らかにしましょう。」

順番がある

「私は何を間違えたのでしょう？」と、杉田先生がまっすぐに聞く。
「あなたが女の子の泣き声を聞いて飛んで行った時に、一番にすべきことを間違えたのですよ。」
「??」
　トイレで突然女の子が泣いた。現場を見ると「テツ」がかんだことがすぐにわかった。その時先生は、一番に何をするべきか？ まず、泣いている女の子の手当てをする。それは、傷の手当てと心の手当ての両方だ。特に心の手当てが大切。
　2歳児はいきなりかみつく。理由があるようでないようで。イライラしているとちょっとのきっかけでも、突然とびかかってくる。
　かまれた女の子は、なぜ泣くかというと、かまれた痛みもそうだが、何が起こったのかわからないというびっくりした不安で泣くことが多い。突然何が起きたのかわからず、おどろいて恐怖で泣く。

だから先生はまず、びっくりして泣いている子どもを安心させることを一番にしなければならない。
「びっくりしたね。だいじょうぶだよ。安心していいからね。先生が守ってあげるから、もう誰も手出ししないからね。だいじょうぶだよ。」
と、抱き寄せる。
　その次にすることは、痛みに共感すること。
「痛かったね。ひどいことするよね。痛いね。これは痛かったね。かわいそうに。」
　そして、傷の具合を見て、冷やすなりの具体的な手当てをする。
　かまれた女の子が安心して、落ち着いて泣き止んだら、次に、かんだ「テツ」の指導が始まる。
　この間、5分、10分と経っている。たいていは先生の気持ちもクールダウンし、かんだ子も、先生の女の子への手当てを見ていて、冷静になって、困った顔をして立ちすくんでいるものだ。ここでの叱り方、指導の仕方はむつかしくない。

テツのことも

「テツ君、ちょっとここへいらっしゃい」と、「テツ」をそばに寄せて、
「どういうことなの？友だちをかんだりして、これはまずいでしょう。やっちゃいけないでしょう。何か言いたいことがあるなら聞くけど、どういうこと」と、先生も10分経っていればちょっと落ち着いている。
　かまれた子が泣きやむだけでも、まわりの空気は変ってきている。こうなると「テツ」をまっすぐ見て、「テツのことも思って」きちんと叱ることができる。本来の指導をすることができる。
　「テツ」も、冷静な先生の言葉は聞く。「テツのことを思っている」注意であれば、心にも届く。素直に悪かったと反省もできる。
　子どもを指導する時、子どもの心がこちらに開かれてなければ意味がない。子どもの心は、無理矢理力まかせにこじあけられるものではない。ここが先生の技の見せ所だ。
　そのためには、何を一番にするのかという順番を間違ってはいけない。その見極めを正確にすることが必要だ。

大丈夫です

「あなたは順番を間違えたのですよ。まずするべきことは、女の子を安心させること。その間に空気が変わるのを待って冷静になること。その次にテツのことも思って、きちんと叱り、指導する。」

「わたし、その場面を見て、瞬間ムキになってしまったんですね。」

「おそらく、テツにあなたの言葉は届いていないでしょう。あなたの激しい叱る言葉に、今度はテツがびっくりしてしまって、萎縮して、あなたに心を閉ざしてしまったんですね。」

「……。」

「テツにかまれたかわいそうな女の子がいて、あなたに叱られて、心を閉ざしてしまったテツが作られたわけです。」

「わたし、どうしたらいいでしょう？」

「何もしないでいいですよ。最初に言った通り、先生としてまちがっているわけではない。順番を間違えただけです。テツもそのことはよくわかっていますよ。彼は、あなたに反発しているわけではありません。あなたの勢いにビックリして、ちょっとショックだっただけです。」

「やっぱり、もっとやさしくしてあげた方がいいのでしょうか？」

「それは余計なとりつくろいですね。普通にしていればいいですよ。悪いのはテツなんですから。ここは、子どもの機嫌をとるようなことはしてはいけません。」

「わかりました。」
と、杉田先生は、表情はまだ重そうだが、どこかホッとした感じになった。

変化球はだめ

「あっ、それから、一つ気になってるんですが、テツを叱った時に、『母親としても許せなかったので厳しくなってしまった』というのは、言い訳だと思いますよ。おそらく、テツがあなたに心を閉ざしてしまったことに、あなたなりの言い訳が必要だったんでね。でもそれはすりかえています。どんなことも、やったことはまっすぐ受け止めて、きちんと対応しなければなりません。ここで変化球を投げてはいけませんよ。」
「えっ、あっそうですね。わかりました」と、杉田先生はようやく立ち上がって、クラスに戻っていった。
　先生が戻るのを見届けると、園長がすぐに寄ってきて、
「何がどういうことだったんですか？」と、息急き切って聞こうとする。
「おしまい。この話はここまで。さぁ、仕事。仕事」と、私は書類に手を伸ばす。
「えー、ずるいですよ。気になりますよ。教えて下さい」と絡む園長を放っておいて、書類に目を通す。
　早く終わらないと「テツ」とあそぶ時間がなくなる。きっと「テツ」は待っている。なにせ、「待ってろ」と約束したから…。

エピローグ

　「人は自分の見たいものしか見ない」と言ったのは、B.C.40年頃のローマのカエサル（シーザー）だ。映画『ナルニア国物語』に、4人きょうだいの末の娘が、「お兄ちゃんたちは見ようとしないから見えないのよ」と、口を尖らせて不平を言うシーンがあった。
　時を越えて、「見えないものを見る力」を、人は求め続けている。
　身近にある見えないものの代表は、「人の気持ち」だろう。人の気持ちを言い表すのはとても難しい。特に多くを語ってくれない子どもの気持ちを想像する時は迷う。
　人の気持ちを想像するのも、想像したことを説明するのも言葉を使う。
　言葉というのは、力があるのだと思う。私は先生たちに「自分自身の物語を語ろう！！」「意味のあるひとことを子どもに伝えよう！！」といつも話す。

　しかし残念ながら、何年か保育の仕事をしていると、子どもを取り扱う便利な言葉や、職場で自分を守る無難な言葉、そして、親に伝えるとりあえずあたりさわりのない、甘ったるい言葉というのを、覚えてしまう。

　それらを手っ取り早く覚えることで、自分自身の仕事は守られるが、それでは十分ではない。そんな横着な言葉では、子どもの気持ちには届かない。
　子どもたちは、あなたが、あなた自身の目で見て、耳で聞いて、肌で感じたことを、あなたの言葉で語られることに、夢中になる。
　また、わかりきった、型にはめるようなアナウンスではなく、「なるほど」と、心底納得できる一言を、待っている。
　そんな言葉はあらかじめ用意されているわけではない。あなた自身が生き生きとした生活をすることで、思わず「口を突いて」出てくるものだ。

　子どもを表現するのに、限られた言葉だけでは、難しいと思う。限られた言葉は、限られた気持ちしか表せない。限られた場面、限られた子どもしか理解できない。
　「先生として、もうワンステップ進もう」と、向上心を持っているあなたは、自分自身

の生きた言葉を生み出す努力をしてほしい。
　私は思うのだが、豊かな気持ちの世界を表現するとき、科学的、客観的でなくてもかまわないと思う。
　むしろ、文学的な表現がぴったりする場合もあれば、情緒的、主観的な言葉が胸にストンと収まるということもある。
　私たちのまわりにいるのは、同じ現場で共通体験を持っている人ばかりだ。だからこそ、多様な表現も受け入れることができると思う。文学的、情緒的表現もお互いにわかりあえる。

　「こんなこというのは先生らしくない」「まとまらない文章では恥ずかしい」と勝手に自分に言い訳をして、自分が傷つくことを恐れて、「無難に先生をする」安全策を選んではいけない。
　あなたに力不足があったとしても大丈夫だ。
　そんなことで誰もあなたを責めることはできない。あなたの尊厳は傷つかない。

　子どもも同じことだ。子どもは何があっても前向きに、感じて、反発して、悲しくて泣きながら、悔しくて怒りながら、それでもたくましく生きているではないか。
　生まれかわる保育を目指して、勇気ある一歩を共に…。

著者紹介

赤西雅之（あかにし・まさゆき）

1973年　大阪府立大学卒業
1984年　障害児統合園　子どもライブラリー設立
1997年　社会福祉法人　子どもの家福祉会　理事長
2006年～2015年　甲南女子大学　人間科学部総合子ども学科　教授

現　在　社会福祉法人子どもの家福祉会　理事長
　　　　全国各地で新しい保育理念と方法を指導している。

著　書　『モンテッソーリ入門』（明治図書　共著）
　　　　『自由な子どもの発見』（ミネルヴァ書房　共著）
　　　　『子どもの自由世界』（エイデル研究所）
　　　　『保育かわらなきゃ』（エイデル研究所）
　　　　『生まれかわる保育』（エイデル研究所）
　　　　その他

　　　　子どもの家福祉会が運営する認可保育園・認定子ども園
　　　　　・播磨灘保育園（姫路市）
　　　　　・認定こども園幼児学舎子どもライブラリー（姫路市）
　　　　　・加古のうみ保育園（加古川市）
　　　　　・加古川保育園（加古川市）
　　　　　・神野保育園（加古川市）
　　　　　・野の花保育園（明石市）
　　　　　・認定こども園本山北町あすの保育園（神戸市）
　　　　　・神戸市認定あすの乳児ルーム（神戸市）
　　　　　・高野口認定こども園（橋本市）
　　　　　・認定橋本こども園（橋本市）

生まれかわる保育

2008年10月30日　初版発行
2015年　4月30日　第3刷発行

著　者　赤西雅之
発行者　大塚智孝
印刷・製本　中央精版印刷株式会社
発行所　エイデル研究所
　　　　102-0073　東京都千代田区九段北4-1-9
　　　　TEL.03-3234-4641　FAX.03-3234-4644

ISBN978-4-87168-444-6　C3037
©Masayuki Akanishi
Printed in Japan